培养学习积极性与能力

对教学改革实践的探索

[日] 市川伸一 著

王源 译

長春出版社

国家一级出版社

全国百佳图书出版单位

著作权合同登记号：图字 07-2018-0034

MANABU IYOKU TO SKILL O SODATERU
IMA MOTOMERARERU GAKURYOKU KOJOSAKU
by Shinichi ICHIKAWA

图书在版编目 (CIP) 数据

培养学习积极性与能力：对教学改革实践的探索 /（日）市川伸一著；王源译 . -- 长春：长春出版社，2019.3

ISBN 978-7-5445-5554-8

Ⅰ . ①培… Ⅱ . ①市… ②王… Ⅲ . ①教学改革－研究 Ⅳ . ① G420

中国版本图书馆 CIP 数据核字（2019）第 052333 号

培养学习积极性与能力——对教学改革实践的探索

著　者：[日] 市川伸一　　责任编辑：陈晓雷
译　者：王源　　封面设计：宁荣刚

出版发行：長春出版社　　总编室电话：0431-88563443
发行部电话：0431-88561180　　读者服务部电话：0431-88628787
地　址：吉林省长春市建设街 1377 号　　制　版：长春市大航图文制作有限公司
邮　编：130061　　印　制：吉林省良原印业有限公司
网　址：www.cccbs.net　　经　销：新华书店

开　本：787 毫米 ×1092 毫米　1/16　　字　数：135 千字
版　次：2019 年 3 月第 1 版　　印　张：8.75
印　次：2019 年 3 月第 1 次印刷　　印　数：5,000 册
定　价：32.80 元

前言

教育的世界经常被认为“像钟摆一样摇摆不定”，人们时常会思考“为什么当时会把那么极端的事情认为是理所应当的事呢”。其实这种事情并不仅限于教育界。从当事人的角度来看，在当时那种情况下，很容易产生理所当然的想法。

从20世纪80年代中期开始的教育改革很大程度上撼动了日本的传统教育。自1999年起，教育界又掀起关于“学力低下的争论”，虽然最近曾经喧嚣一时的争论已经平息，但各种各样的价值观席卷而来，教育界可谓百家争鸣。

在这教育改革的十几年中，我从认知心理学的基础研究，转成教育研究。进入教育界后，我重新审视了自己认为理所应当的事，不断地开拓自己的思维，发现了一些不协调的地方和新的问题。

特别是在这两三年间，我在讲演和论文中，都会向老师、教育研究者及家长提出我的问题，反响不一。有的说“你这么说的话学校很为难”，有的说“岂有此理，你根本不知道什么是课堂”，还有的说“让你这么一说，确实如此”“我也是这么想的，但是很难说出口”，等等。

本书以近几年的演讲稿为基础进行了一定的修改，创作而成。内容可以说是1998年出版的《向开放式学习出发——21世纪学校的作用》一书的姊妹篇。《向开放式学习出发——21世纪学校的作用》这本书主要以“培养自我学习的能力”和“培养自我生活的能力”为两个基本目标，讨论了教育实践的本质是把在学校学到的东西运用到自己今后的学习及生活之中。

本书论述了更具有现实意义的基础学习方法。因为最近有关学力低下的争论，让我深刻地体会到不能光靠嘴说。要想有实际行动，必须考虑如何把握整体平衡。而我曾在《学力下降的争论》这本书中提过自己的观点，从这个意义上讲，本书可称为基于该观点的“教育实践事例集”。

本书的题目“培养学习积极性与能力——对教学改革实践的探索”，是我在近期讲演中一定会提到的主题。也是在那场争论后，作为今后教育的中心问题而被提上日程的话题。虽说是培养学习积极性与能力，但本书不会去解释最近受欢迎的“小班授课”或“按照熟练程度分班学习”等授课方法，也不去探讨它的对与错。而是从本质上重新审视教育现状，创造一个可踏踏实实讲课、安安心心学习的环境。

因此，根据不同的想法，有的人可能认为本书的内容是“从明天起立刻能做到的事”，也有人可能认为“大概是实现不了的事情”。这与读者接不接受，想不想做有关。我在本书中提出几个我自己悟到的“全新的，理所应当的教学实践”，如果从事教育事业的人能够重新审视自己认为“理所应当”习惯了的事情，将我的几点拙见作为实践参考的话，我将不胜荣幸。

本书得到了片岡輝先生与和田秀樹先生的欣然同意，作为补充章节转载了与二人的谈话记录，丰富了本书的内容。此外，本书中介绍的教育实践，是听取了实践学校老师们的谈话和观摩了老师们的授课而得出的。本书的策划、编辑也得到小学馆《综合教育技术》的主编米村明彦先生的全面支持。幸得米村主编大力而温暖的鼓励，才能在较短时间内完成本书。在此深表感谢！

市川伸一

2004年2月

目　录

第一章　如何把握学力和学习

第二章　构建学习的逻辑性
——具有学习意义的课题和活动

第三章　力求简单易懂的教学
——以“授课·启发思考并行的教学”为基准

目　录

第一章　如何把握学力和学习

本章表明了全书的基本观点，是全书的背景，阐明了什么是学力，什么是学习，什么是知识，什么是动机……，还有什么是教育。每一个问题都是一个很大的课题，而我是从教育心理学的角度来分析这些课题的。

但是，教育心理学存在各种各样的观点以及历史性的变迁。当前，主要是以“认知心理学中把人脑看作信息、加工系统”这一观点为主流，同时它也给现实中的教育实践带来了很多启示。我们首先要考虑应该从什么角度对“何谓学力”这一社会性争论进行讨论。

而且，针对“人为什么要学习”这一基本问题，我们要考虑普通孩子是怎么想的，他们的心理模式是什么？如何克服这种模式？进而扩展到“想实现的自我”和“能实现的自我”，以及在社会中生存的“生存力”这一话题。

第一节　论“何谓学力”

一、回顾学力下降的争论

从1999年春天开始，全社会展开了一场连媒体也参与进来的关于学力下降的争论，对我来说，现在依然记忆犹新。我在《学力下降的争论》一书中，总结了争论的背景以及相关人物的观点①。因此在本书中，就不再对此争论做详细的介绍了，只是我想在某种程度上确认一下争论的焦点。

谈到关于学力下降的争论，“学力下降的主张者”提出学生的学力正在下降，相反，“宽松教育赞成派”认为学生的学力并没有下降。

但是，我只是争论中的配角，希望大家在思考问题的时候，如图1—1所示，将横轴和纵轴相结合进行考虑，也就是我们既要考虑横轴，即需要多大程度去忧虑或乐观地看待学力下降。同时，我们还要考虑纵轴，是赞成还是反对1990年文部省（现文部科学省）推进的教育改革路线。

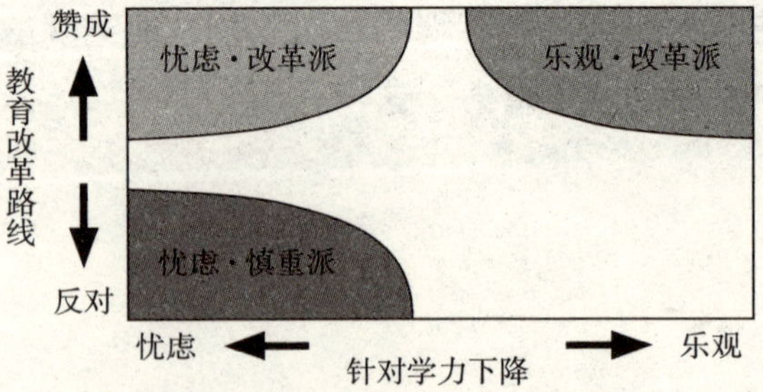

图1—1　学力下降争论的构图

① 概述学力下降争论的主要论点时，以下书目可做参考。
“中央公论”编辑部，中井浩一（编），《争论・学力崩溃》，中公新书，2001年。
西村和雄（编），《学力下降和新指导纲要》，岩波小册子，2001年。
加藤幸次，高浦勝義（编），《批判学力下降论》，黎明书房，2001年。
市川伸一（编），《学力下降的争论》，筑摩新书，2002年。

图 1–1 左下方的“忧虑 · 慎重派”，即学力下降的主张者。他们指出“日本现在的孩子学力非常低下”“为了考大学而紧张努力地学习已经成为遥远的过去”。虽然，现在有些孩子还会孜孜不倦、刻苦努力地学习，但从整体上看，大多数的孩子恐怕不像以前那么努力了。因此可以得出结果：日本青少年的学力下降很大。学力下降派们从以下三个方面提出了学力下降的证明。

一是大学理科教员。根据调查结果显示，他们指出现在很多大学生竟然连在小学时就学的分数计算都不会。1999 年 6 月发表的《不会分数的大学生》（冈部恒治，户濑信之，西村和雄编，东洋经济新报社）一文已经成为热门话题。

二是像和田秀樹先生一样从事教育的工作者。他们指出因为现在的应试生不像以前那么爱学习了，所以就连知名大学的最低录取分数线都在不断下降。

三是像苅谷刚彦这样的教育社会学者。他们分析调查数据，指出与 20 年前相比，现在高中生在家里学习的时间明显减少。而且，这种情况与父母的社会阶层密切相关，其影响也在逐渐增大。父母如果年收入高、学历高，在社会地位高的地方就职的话，孩子的学习时间没有太大的下降。但是，如果不是这种家庭的孩子，其学习时间则在不断减少。当今社会，在对学习的压力不断减弱的环境中，这种阶层间的差距不断地被扩大、再生。在学力下降派眼中，这是更严重的问题。

对此，当时的文部省对争论做出了如下回应。从比较国际学力的调查来看，日本孩子的学力并没有明显下降，依然处于世界领先水平。但是，这并不能说明没有问题，像“自主学习、独立思考”这种自我教育能力、思考能力、表达能力等，还需要加强。因此，教育的本质并不是给孩子一味地灌输知识，教育改革势在必行，我们应倡导更“宽松的教育”。可以通过削减学习内容，加强巩固知识，导入综合学习这种新类型的学习方式来实现。另一方面，学校在减负的同时，也希望地方及家庭的教育能力不断提高。

我赞同图 1-1 中左上方的观点。我认为日本孩子存在学力下降的问题，不仅是表面上的知识、技能的下降，连最根本的学习积极性、学习能力都在下降。如果是这样的话，情况要比那些学力下降主张者说得更严重。就算把学习指导纲要恢复到和以前一样，再次激活考试性能，也只不过是徒有其表的学习方式的蔓延，不能从根本上解决问题。在这一点上，我认为要增强学习积极性，提高学习质量，坚持教育改革路线中锁定的方向是有效的。

二、如何把握学力

虽然，人们一直就“学力是否下降”问题争论不休，但从争论的开始,“何谓学力”问题便引起人们极大的关注。表 1-1 是我在争论初期分类出来的把握学力的方法，但并不是我的原创，在战后学力争论中曾多次被提到过。

学力可以分为“通过学习后掌握的能力”和“学习新知识的能力”两种类型。在“通过学习后掌握的能力”中，有的能力可以通过考试比较客观地检测出来，如“知道这个知识”“会算这个计算”等这种狭义的技能。还有通过考试也很难检测出来的能力，如读解的能力、论述的能力、讨论的能力、批判性思考的能力、解决问题的能力、探索的能力。

表 1-1　把握学力的方法

	容易检测的能力	不容易检测的能力
通过学习后掌握的能力	知识 （狭义的）技能	读解的能力，论述的能力，讨论的能力，批判性思考的能力，解决问题的能力，探索的能力
学习新知识的能力		学习积极性，求知好奇心，制订计划进行学习的能力，学习时的集中力和耐力，（相互之间教授或学习时的）交流能力

还有“学习新知识的能力”也是很难检测的。包括学习积极性，求知好奇心，制订计划进行学习的能力，学习时的集中力和耐力以及交

流能力。交流能力还包括通过学习后掌握的交流能力，但这里指的是学习新知识时相互之间的交流能力，如是否理解老师在课堂上讲授的知识，哪个地方不明白自己能清晰地表达出来向老师提问，和朋友之间互相学习时的交流，这些都是在学习新知识时非常重要的能力。

1990 年前后，文部省修订了学习指导纲要，提出了“新学力观”。并提出如表 1—1 右侧所表示的能力。制订了今后的目标，即“通过学习后掌握的能力”中不容易检测的能力和“学习新知识的能力”。

当时，文部省反驳了所谓学力下降的主张者，指出他们提出的只不过是表 1—1 中所表示的狭义上的学力。也许文部省当时不想因为这些人高呼“学力下降”而拖教育改革的后腿。

三、学习积极性与学习技能的下降

我非常担心的是，与政策意图大相径庭，事实是表 1—1 中“不容易检测的能力”中的各项能力正在下降，尤其是学习积极性下降非常明显。这些应该是“新学力观”的要点。图 1—2 是神奈川县藤沢市从 1965 年开始每五年实施一次的学习意识调查表。调查的对象是中学三年级学生。调查表显示“想要学习”的学生在这 35 年间急剧减少，认为“已经学腻了”的学生在逐渐增多。家庭学习时间也如图 1—3 所示，正在下降。

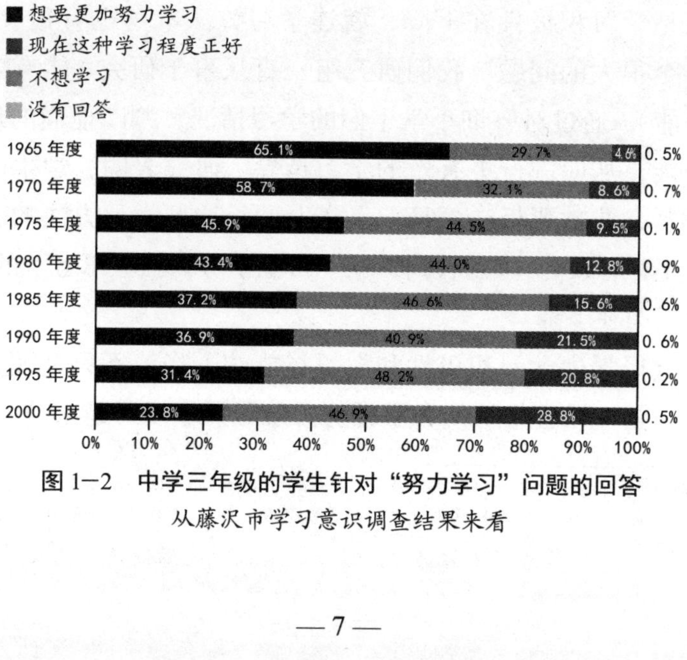

图 1—2　中学三年级的学生针对“努力学习”问题的回答

从藤沢市学习意识调查结果来看

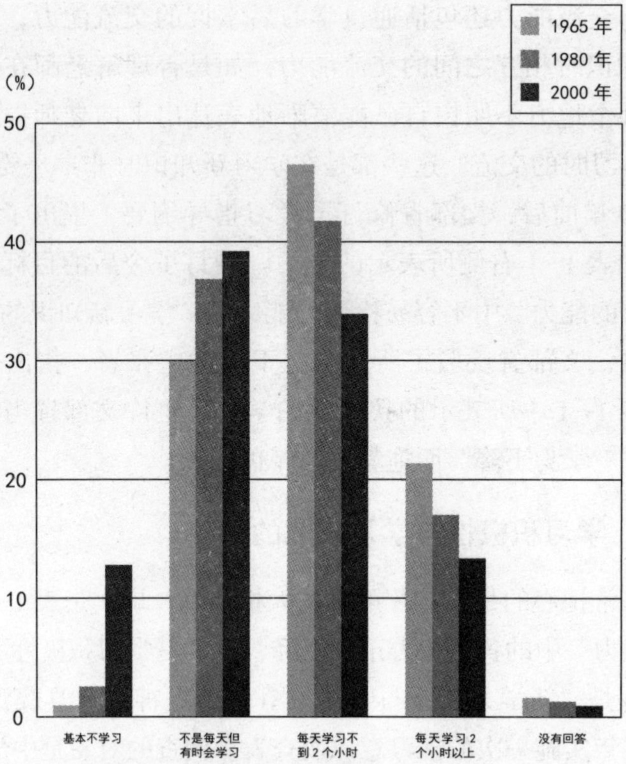

图 1—3　中学三年级学生在校外学习时间的变化

选取于藤沢市学习意识调查结果

不只是学习积极性在下降，就连学习方法本身也有很大的改变，这也是一个很大的问题。我们研究组一直从事于研究（能有效地进行学习的技能），通过对咨询小学生们的学习情况，判断他们的理解状态和学习技能，从而进行更有效的学习指导。研究表明，学生的学习方法偷工减料，非常死板。而且，事实上助长这种学习方法的教材和教育方法也正在普及①。可以看到，在"自主学习，独立思考"的口号下，这种学力反而在下降。

但我觉得学生学习积极性和学习技能的下降绝不只是教育界和学校的责任。整个社会都认为在学校努力学习课本变得越来越没有价值，

① 在藤澤伸介（著）《虚假的学习》（上下卷，新曜社，2002 年）一书中，详细介绍了这 20 年间，包括参考书、习题集、函授教育教材等教育环境是如何变化的，与之相伴的孩子们的学习方法是如何变成形式化的。

而且在他们周围出现了很多有趣、具有挑战性的有极大吸引力的东西。同时，孩子们的腰包渐渐鼓起来，大家都在想该如何好好地享受这些有趣的东西。如电视上有很多节目，其中有我们小时候没有的电视游戏。现在还有手机，无论何时何地，多少时间都能被消磨。如果一直沉浸在这些乐趣中，便无法自拔，再也无法专心于学校的学习。无论老师准备了多么生动的课，学生们都不想继续往下学。即使老师留了作业，学生也不会认真去做。学生们对老师的努力不管不顾，都被享乐性娱乐这股强大的力量吸引住了。

在这样的时代下，如何培养学生们的学习积极性和能力，成了教育从事者共同关心的问题。

第二节　重新审视学力和学习

一、从认知心理学看学力和知识

表 1–1 中总结的关于学力的分类，看似很清晰，但从认知心理学的观点来看，并没有抓住学力本身的构造和作用。特别是在这种分类的框架下，无论怎么讨论“哪一部分应该叫学力”，都只是围绕下定义展开的，并没有深入地剖析它的本质。因此，我们简单整理了认知心理学的课本中经常出现的人类信息处理模式。如图 1–4 所示。

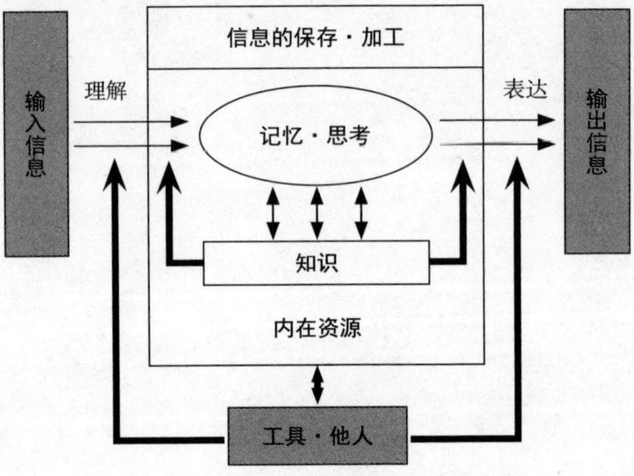

图 1–4　人类的信息处理模式

认知心理学认为人会进行一系列的信息处理行为。我们通过听、看来摄取听觉、视觉信息，然后进行记忆、思考。并将最终的结果以话语、写文章、画图画等方式输出。这种强有力的执行信息、处理的能力正是我们所称的“学力”。

但人类的信息处理方式和录音机或录像机等这些“机械信息”有很大的区别。我们能把我们所掌握的知识作为内在资源使用。即已储存于大脑的可以使用的资源、材料。人能通过头脑里原有的知识对输入进来的信息进行分析。而录音机或录像机并不能进行知识性处理，只能把接收到的信息通过物理性记录的方式储存起来。所以，类似录音机这些机器是不可能理解被输入的信息的。如果录音机听到“刚才说了什么”这句话，它只能做到再播放一遍。

而人就不一样了，人会总结刚才说的话，回答提出来的问题。这是因为人类会运用已有的知识，理解输入进来的内容后储存起来，然后根据需要将其表达出来。知识既包括日语语言方面的知识，各种常识性知识以及热门领域的专业性知识等。人会将这些知识储存于大脑中以便使用，当输出信息时，就会用到与语言相关的知识或和听者有关的知识。如我们会边考虑“根据今天出席的听众，需要采用什么样的方式”，边进行表达。人类最大的特点是使用这些知识进行一系列的信息处理。

因此，认知心理学非常重视知识的作用。知识不仅是学习后的产物，实际上作为“学习新知识的能力”“思考的能力”也在发挥着作用[①]。十几年前，当提出“新学力观”的时候，人们开始对知识偏重型、知识填鸭式这种以前的教育模式进行批判，提出了“今后的教育不应该是单纯地积累知识”。有人煞有介事地指出“知识可以用电脑来储存，人类最重要的不是记住知识，而是思考”。我觉得这种说法很不恰当。

知识只有装在人的脑子里才能被有效地使用。例如，我们不可能在听别人说话时说，“你说的这话有点难，我要查下字典，请稍等一下”。如上所述，正因为头脑中有了和语言相关的知识，各种常识以及专业性知识，我们才能马上理解对方在说什么。一个新想法的产生，也是在已有知识的基础上，将新旧知识相结合才能得出的。从这个意义上讲，如果头脑中没有一定程度的知识储备，也不会形成有用的东西的。

① 推荐两本比较容易理解的书。这两本书从认知心理学的角度解释了在学习中知识的作用。
西林克彦，《竟是错误的学习编》，新曜社，1994年。
考虑授课的教育心理学者会，《从受虐知识而来的印象》，北大路书房，1999年。

二、知识填鸭式教育的问题所在

因此，以前的“知识填鸭式教育”和“知识偏重型教育”就表现出一定的问题。学校一直强调知识重要，不断地督促学生积累知识，但实际上却很少提供机会让学生使用这些知识。总认为当前就要积累知识好为将来做准备。然后通过考试来检验学生到底正确地积累了多少知识。最近的教育改革多次对这种教育方式进行了反思。本书在后面介绍了孩子们充分利用已有的知识，共同完成智力性课题的实例。也有声音认为学校应更多地采用这种学习方式。

从图 1–4 可以看到，人类的特点是可以利用工具和他人这些外在资源进行智力性活动。我们在日常生活中会使用各种工具，如文字处理机、电子词典。而且今后新媒体还会不断地出现。当然也会经常和别人进行商务交流，进入公司之后，会经常和团队一起解决各种新课题。但是到目前为止，在学校，学习的时候学生们很少使用工具或和别人商量着学习。尤其是在考试时，基本不让学生使用工具，更不允许和别人商量。因此，学生所处的学习环境和日常生活已经脱轨。

最近，发生了很大的改变，在综合学习中，学生可以使用各种工具。各学科也推行解决问题式的课程学习，还增加了小组成员边讨论边进行的学习方式。这么看来，学校里的学习课题也正在填补与日常学习和解决问题之间的空缺。我们正处在向这方面不断努力的时代。与此同时，我们决不能忽视一直以来学校重视的知识。我们需要重视知识，但并不是说单单地向学生灌输知识，而是要教会他们如何有效地运用知识来开展学习活动，这也是老师在课堂上应该考虑的一大问题。

三、“习得”和“探究”的循环学习

在学校里有两种循环学习方式（图 1–5）。一种是掌握已有知识和技能的习得型循环学习，学生的课程学习主要是采用这种方式进行，具体表现为学生先预习，然后带着疑问去上课，课堂上听老师讲解后进行理解。然而仅仅这样并不能完全掌握知识，还要进行一定的复习巩固，接着进入下一课的预习，如此循环反复。另一种是自己设定主题，并对主题进行相关调查研究的探究型循环学习。课堂上总会有一些有趣的吸引学生眼球的主题，学生们通过笔记、报告或海报的形式将其表达出来，然后各自把报告等带到班级上和其他同学进行讨论，老师给予一定的指导。通过这些，激发自己的灵感，再次进行探讨。

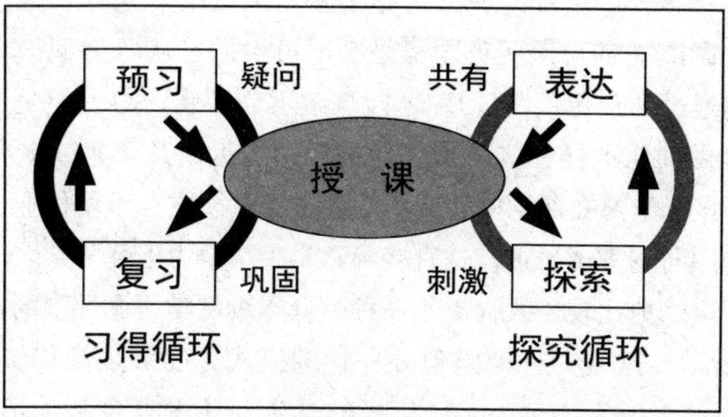

图 1-5　习得循环学习和探究循环学习

日常生活中这两种学习并不是泾渭分明的，所以学校教育有必要在一定程度上让这两种学习有计划地交替进行。这时候，最重要的是把握这两种学习的平衡。目前为止，学校都是把习得型循环学习放到非常重要的位置，说它占九成或十成都不为过。今后，当然习得型循环学习仍是学习的中心，但应减少到七到八成，有必要把探究型循环学习提升到二到三成。

此外，这两种学习模式的链接也是非常重要的。所谓链接就是把两者结合起来，把在习得型循环学习中学到的内容活用到探究型循环学习中。同时，在进行探究型循环学习的时候，发现了基础知识的重要性，再重新回到习得型循环学习。通过这样的结合，学生们才更容易明白为什么要学习这些基础知识。针对这些内容，我会在第二章举出具体的教育实例。

关于图 1-5，我还有一点要强调，就是“单纯地授课不是学习”。特别是随着学生年级的增长，仅通过课堂的授课学习，学生们很难牢固地掌握知识和技能。这个问题在我们的孩童时代就已心知肚明。从古到今应该没有一个孩子能完全做到牢固地掌握已学过的知识。不预习却能很明白老师所讲的内容，不复习就能巩固学到的知识，这种情况基本很少。

经常说“教师以授课取胜”，为了在课堂上取胜，老师要在课前课后进行各种各样的活动。我认为学生基本上也应该这样。为了更充实地上课，课前准备与课后巩固都是必不可少的。从习得型循环学习来看，正是通过“预习”“复习”才能理解巩固课堂内容。但是，有很多学生不能做到像这样一步一个脚印的学习。近十几年来，老师们陷入一种“应该让学习在课堂中完成”的理想课堂模式，不留作业，也不督促预习的倾向越来越严重，这直接导致学生“学力下降”。

为了更好地比较，我提出了一种“低年级型学习循环”的模式，如图 1–6 所示，这是一种课堂包办一切的模式。如果是低年级的学生，这是必须的。因为小学一、二年级的学生，还没有自主学习的能力，所以在课堂上要进行“导入”“展开”“总结”“练习”，没有完成的练习，可以作为作业留给学生。

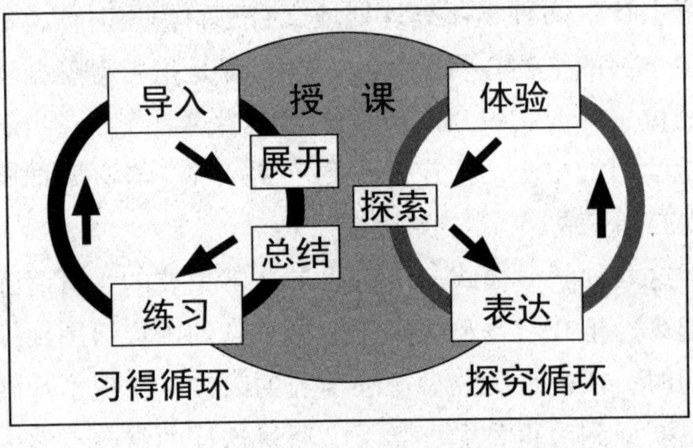

图 1–6 低年级型学习循环

探究型循环学习还包括探索，表达以及走出课堂去体验，利用课上的时间，在老师的陪同下一起进行。因为低年级学生不知道具体怎么做，而且在外面活动也比较危险。所以，这些活动在课内时间进行也理所当然。我认为有必要像图 1—6 所示的那样，学生们的学习活动要从低年级学习模式开始逐渐过渡到“把课堂作为一种资源进行活用的同时，进行自主性学习”。

探究型循环学习要从小学高年级左右开始。等到了初中或高中，学生在家里的学习会在很大程度上影响学力。到了大学，上课的概率会更小，例如我们不可能在讨论课上把所有的知识全都掌握。在讨论课之前要做各种准备，通过报告或摘要的形式进行发表，然后大家一起讨论，老师给出意见，自己再进行深入的研究。当我们步入社会后就不再有课堂，这时候，更要培养自己这种循环学习的能力。

这种能力不是先天的，更不是自然而然就能获取的。我认为重要的不是“要将所有的学习都在课堂完成”这种虚无的目标或理想，而是“如何培养孩子能利用周围的资源进行自主学习”。这也是本书的主题，即培养学生的学习积极性与能力。本书在第二章、第三章阐述了课堂现状。第四章分析包括家庭学习在内的学习技能。第五章介绍充实课堂之外的学习支援。

第三节 人为什么学习

一、学习动机的分类

培养学习积极性是本书的一大主题，孩子们原来是带着什么样的动机和目的进行学习的呢？大人们也一直在思考如何才能唤醒孩子们的学习积极性呢？

教育心理学把学习积极性称为动机，包括外在动机和内在动机。外在动机是指把由物质性赏罚、表扬、斥责等这些外部事物给予的刺激作为目标进行学习的意愿。内在动机是指“想知道”“想学会”这种追求学习本身所带来的乐趣而进行学习的意愿。心理学中也有各自的考究，并且随着时代的发展不断地发生着变化[①]。

但是，仅仅靠这两种简单的分类并不足以去研究各式各样的学习动机。在《向开放式学习出发——21世纪学校的作用》一书中，我提出了学习动机的两个因素模型（图1—7）。我们让大学生回想自己到高中以前的学习，自由回答“自己究竟为什么学习”“你觉得人为什么要学习”这两个问题，将调查的结果分成了6组，并将其进行两次结构化，总结出“学习的功利性”和“学习内容的重要性”这两种学习动机。此项调查是一项选择性问卷调查，看到问卷上的答案，老师们就能判断学生在初高中的时候是抱着什么态度学习的了。

① 在市川伸一的《从心理学角度探讨学习积极性》（PHP新书，2001年）一书中，简单介绍了心理学中的动机理论，同时收录了我与精神医学家和田秀樹先生，教育社会学者苅谷剛彦先生的谈话。

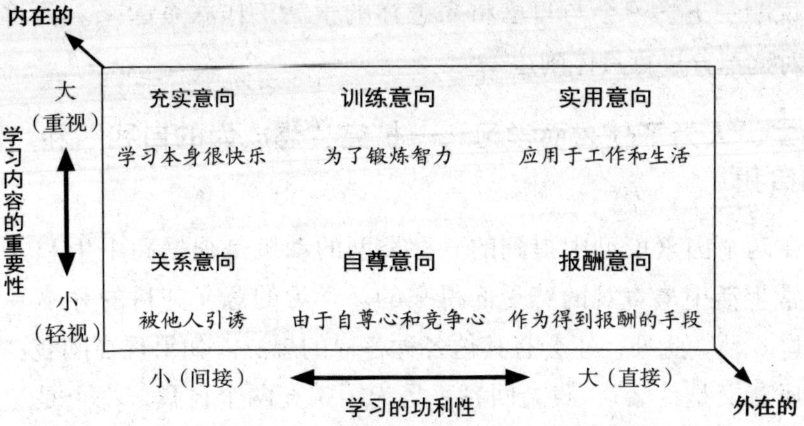

图 1—7　学习动机的两个因素模型

图 1—7 中所提到的充实、训练、实用这三个意向是重视学习内容的动机，即“正因为是这个内容我才想学习”，我们把它定义为内容干预性动机。这三个意向在教育层面上也可以说是举足轻重的。但是随着年级的增长，学校越来越无法满足学生们的需求。一方面因为学习内容变得越来越难，在求知的道路上，很难捕捉到“我懂了”这种满足感；另一方面随着学习内容变得越来越抽象，学生越来越看不到学习的实用性。虽然说“学习可以训练大脑”，但学生并没觉得自己变得多聪明。因为有这种想法，很多学生在高中就退学了。

我认为特别是在日本的学校，“实用意向”一直不受重视。实用意向并不是纯粹的内在动机，而是因为生活或工作上的需要而进行的学习。但是，它也不像报酬意向那样和内容完全无关。它把学习作为实现目标的手段，带有内容的必然性，如“因为想读海外的网页所以学习英语”“因为想当工程师所以学习数学”。而老师又很少会向学生传达初中或高中的学习对自己的未来有何帮助。学科之间的距离也逐渐增大，某一学科的学习内容也很少会运用到另一个学科中。

这一点在习得型循环学习和探究型循环学习中也提到过，从激发动机的角度来看，我们也希望学校能够提供探究的机会，让学生去使用自己掌握的基础知识。还应该多邀请一些大学生或社会人士来谈谈自己的经验。虽然不会立刻见效，但还是应该提供这样一个场合，给学生说明一下学习会与自己将来怎样的生活工作联系起来。我将在第二章对这部分进行具体阐述。

二、人为了什么而学习——扩充“想成为的自我”和“能成为的自我”

在两个因素模型中提到的6种类型的动机是根据高中生和大学生在日常生活中最直观的感受而得来的。学习的意义和目的并不一定仅限于这6种。此外，还会有其他各种各样的想法。如果现在问我“学习的本质意义是什么”，我会回答：是为了扩充两个自我，一个是“想成为的自我”，一个是“能成为的自我”。

“想成为的自我”是指今后想过什么样的生活，是描述自己内心期待的一个选项。孩子们通过自己仅有的日常经验，少得可怜的渠道，才能捕捉到大人们是怎样生活的。从职业、社会活动到思想、兴趣，只能接触到其中极少的一部分。因此，即使问他们“将来你想当什么”，孩子们的回答通常是电视里出现的“运动选手”“明星”，以及生活中能接触到的“老师”“医生”这种定型的答案。

而在学校通过学习可以感受到各种学问的乐趣，了解到不同的人的生活方式。如果是体育或艺术类的课程，只有了解到其中的乐趣后，也许才能将热情与爱好投入到将来的生活中。孩子们只有通过课程学习才能看到日常生活中看不到的生活方式。

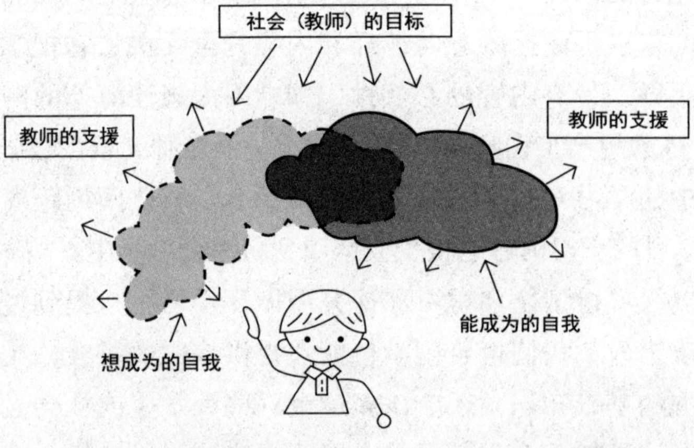

图1–8　扩充“想成为的自我”和“能成为的自我”

还有一个选项是，现在的自己长大以后能做什么，即能成为的自我。通过学习，可以扩展自己能够做到的事情。例如，很多学生会想，初中或高中学习英语，对现在的生活不会有任何作用，将来也不从事和英语有关的职业。但是，通过学习英语，我们可以选择的工作范围会扩大。即使在工作上用不到英语，平时听英文歌曲，看英文电影，将来国外旅行的时候也会用到。

人最终是通过“想成为的自我”和“能成为的自我”的相交叉的领域选择自己的人生方向。学习能够扩充这片领域。特别是在头脑灵活，时间充裕的学生时代，学习是很容易的事情。而教师的职责就是支持和帮助学生扩充“想成为的自我”或“能成为的自我”。

当然，这其中存在着社会或老师对学生的期待，希望学生朝哪个方向发展自己。它在学校教育里主要表现为各个学校的教学计划不同。教育既是帮助孩子实现自我价值，又承载着社会对孩子们的希冀。

三、学力和生存力——在社会上的生存能力

如果考虑到孩子将来要在社会上生活，除了学校的教育外，还有必要让孩子去接触社会上的成年人。提到学力，人们很容易想到是以学问为基础，按照学问来编辑课程，然后看学生掌握到什么程度。但若放眼到社会，从社会中的生存能力整体来看，我们所说的学力不过是极其狭隘的一部分。其实，我们想让孩子们掌握的能力不只是这些。所以把这些都称为学力的话，讨论起来，反而会发生混乱。

在这次学习指导纲要修订（1998）之际，文部科学省强调了“生存能力”一词。并在“自主学习，独立思考”的“新学习观”这一要素的基础上，还增添了体力，道德心，情操这些要素。因为文部科学省提到了“不仅仅是知识，要把生存能力也扩展为学力”，使得学力这一概念反倒模糊起来，引起了混乱[①]。如果要特别强调在社会上的生存能力的话，不如使用“生存力”这一新的词语。

---

① 在中央教育审议会的回复（2003年10月）中，把“生存能力”的知识性一面确认为“踏踏实实的学力”。整理出踏踏实实的学力里不但包括基础知识，还包括思考能力、判断力、表达能力、学习积极性等。

“生存力”这一词在很多地方被使用，2002年11月在日本内阁府设立了政府方面的正式委员会——生存力战略研究会。原本是在内阁府的经济财政审议会中就激发经济活力的，讨论中出现了“所谓的年轻人的学力下降应该是指作为一个生存力在下降”的声音，于是设立了这个研究会。我在任该研究会会长一职期间，也在考虑如何定义“生存力”这个听不惯的词，如何将它和政策建议结合起来。汇集了各方意见后最终于2003年4月提交了报告书①。

此研究会汇集了教育工作者、民间企业、到目前为止基本上没有对教育进行过直接的相关研究的劳动雇佣领域的专家。内阁府，文部科学省，经济产业省，厚生劳动省的负责人都出席了研究会，还特别邀请嘉宾发言，带着取材的结果，就培养生存力对策问题进行了讨论。但是我觉得此研究会的目的并不是详细规定生存力，并促进日本国民以此为目标而努力。它旨在提出“生存力”的基本理念，扩充了对学习的印象，创造能够实现这些的环境，针对这些方面在哪些地方如何进行活用献计献策。

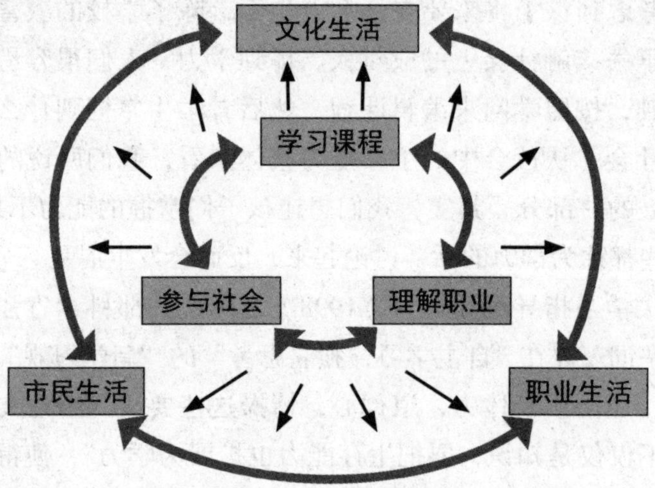

图1—9　生存力形成模型

① 报告书的内容被公开在内阁府的网页上。
http://www5.cao.go.jp/shimon/ningenryoku/menu.html
还总结了研究会委员和特邀嘉宾共12人的意见，见市川伸一（编）《从学力到生存力》（教育出版，2003年）一书中，其附录登载了整篇报告。

其基本理念是首先想象成人的生活，这里所说的成人是那种作为社会公民的一员，在尽自己全力完成自己的责任与使命的同时，尽量活出自我的人。然后以此为核心来经营自己的职业生活，市民生活和文化生活。这些构成了图 1—9 所示的外圈。而理解职业、参与社会、学习课程是儿童时代的基础。从这个模型来看，出现了许多教育课题是以前的“学力”范围所想象不出来的。而且，这些只靠学校是不能解决的，需要包括地区和民间企业在内全民共同创造一个更广泛的学习环境。其中包括激活课堂之外进行的地区教育计划。这一点作为“学习的重点拉锯战”将在第五章详细展开讨论。

第二章　构建学习的逻辑性

——具有学习意义的课题和活动

我们把“我究竟为什么这么努力地学习”这种给学习赋予意义的行为称为“学习的逻辑性”。人在学习的时候，总会有意无意地带着自己的学习动机和目的。“我为了考个好成绩”“我想让我喜欢的老师表扬我”等，这些都可以说是孩子的学习动机。

基于什么样的学习动机下学习，很大程度地影响了学生的学习积极性。大人们会觉得通过学习，可以感受到内在的价值与意义，同时希望自己的孩子像自己一样带着这样的初衷去学习。但是，实际上很多孩子感受不到，所以学习的积极性在逐渐的减退。

本章针对“自下而上的学习”这一传统的学习观，提出“自上而下的学习”，通过导入这一观念，加强学习的动机，创造培养学生学习积极性的环境。

第一节 “自下而上的学习”和“自上而下的学习”

一、自下而上的学习——系统学习的难度

我想在本书中一点点地纠正目前为止学校认为是理所当然的学习原理。例如，作为在校学习的一大前提，普遍认为“在学校应该进行自下而上的学习”。自下而上的学习就是按照知识体系进行系统的学习。以能达到大学的知识水平为目标，小学、初中、高中不断地积累知识。但是，这种学习到能发挥其实际价值需要很长的时间跨度。例如，我们从中学就开始学习英语，但到什么时候我们才能实际感受到“学英语真的太好了”“英语派上用场了”呢？

对我们这一代来说，英语在学校没派上一点用场。在大学的讨论课上阅读原著。进入社会后去了国外，经过6年或10年的学习，才觉得终于在这个地方派上用场了。数学也一样，在初中、高中学的数学也需要很长的一段时间才能真正运用到工作生活中，有时甚至会觉得一生都不会用到。于是，学生便看不透究竟为什么要这么学习。

即便如此，老师还是会想尽各种办法希望学生能够努力学习。如第一章所提到的教育心理学，有“外在动机”和“内在动机”两个名词。有些方法是基于“外在动机”产生的，认为孩子基本上都不喜欢学习，但还想让他们学习，就想出了外在奖罚刺激的方法。如考得好家长奖励零花钱，或者老师奖励小红花等。这种想法在20世纪上半叶心理学界曾一度盛行。它和教育动物的方式如出一辙。

但是到了20世纪下半叶，各界开始指出这种方法没有教育性。如果学习中经常伴有奖罚，那么没有奖罚的时候孩子将不再学习。心理学还指出，奖罚会损坏孩子的自发兴趣和爱好。即便是动物，越高级的动物其求知的好奇心和上进心越强。如黑猩猩，即使得不到任何奖

赏，你给它一个九连环，它还是会拼命地去解开。人类从小就有很强的好奇心，想不断地学习各种各样的事情，会不断地问“为什么”。

人类生来就拥有这种求知的好奇心和上进心，而教育的作用就是好好地培养它们。到了20世纪六七十年代，“内在动机”的想法登上舞台。这种想法是，即使对待系统的学习，孩子也会有兴趣而且能自主地去学习。而老师要做的就是努力地将课堂变得有趣易懂。老师的职责是满足孩子那与生俱有的“想知道”“想明白”的求知欲望。好的教育是要充分尊重孩子的兴趣和爱好，保障他们的自主活动，发挥孩子的长处。这种想法对“宽松教育”也产生了一定的影响。

二、内在、外在动机“瘫痪”的时代

然而，最近即便是给孩子们足够的内在动机，学习状况仍不容乐观。这一点，在校老师深有体会。老师们认为，内在动机就是努力上课，让孩子们觉得学习是一种乐趣，只要课堂很有趣的话，学生一定会配合。在课堂质量上下功夫，这本身是一件好事，但并不是这么做了，学生就一定会配合。其中一个原因是生活中还有很多更有趣的东西。这时如果要说尊重孩子的兴趣、爱好的话，那就不是学习学校的课程了。

孩子不只是对大人认为好的事物感兴趣，反而会对大人们认为匪夷所思的事物感兴趣。比如，不管老师准备了多么有趣的课，如果提出“放学后留下来接着做吧”，估计留下来的孩子很少。给他们留作业，估计也不会高兴。孩子们的注意力正逐渐向生活中更有趣的事物转移。因为生活中有太多那样的东西，而且孩子也有经济条件购买它们。于是，通过单纯的内在动机想让孩子将兴趣转向学校内的学习变得越来越难了。

那么，使用外在动机又如何呢？即便告诉孩子“如果取得好成绩，会增加你的零花钱”，孩子也会觉得我的零花钱已经足够多了，不需要靠这种方式取得。到了高中，如果打工的话，还能得到更多的收入。虽然大人不停地说经济不景气，但实际上孩子们过得很富裕。所以，靠物质奖励来引导孩子学习，很难起作用。初中、高中，要是被老师夸奖一回“做得很棒”，不仅不会感到一丝高兴，甚至还有可能遭到其他同学的欺凌。在孩子心里，“学习好”没有什么大用，所以激不起他们你追我赶的竞争心理。父母和老师通过外在动机来促进孩子学习也变得越来越难了。

那么，在这个时代我们应该怎么办呢？在回答这个问题之前想先确定一点，即便现在的状况是这样，但“自下而上的学习”在今后依然很重要。因为我们绝不是在学习无用的东西。现在正在学的东西以后可能会用到。而且，也能扩展“想成为的自我”。如“课程中出现了这种事物，还想继续深入学习”“这个人说得真好，我也想成为他这样的人”等等，自己的想法会变得越来越丰富。即使觉得现在学英语没什么用，但在未来能拓宽自己的就业之路，即扩展了“能成为的自我”。从这个意义上讲，我们确实在做着重要的事情。

应试学习也一样，虽说是为了考试而进行的学习，乍一看好像没什么用，但实际上，也有有利的一面，掌握了重新审视自己的学习方法，判断自己的理解能力。因此，这种自下而上的课程学习，以及之后的应试学习，还是一如既往的重要。在学校教育中，这种“自下而上的学习”应该占到七八成。我并不主张放弃“自下而上的学习”。

三、自上而下的学习——带着目的和意义学习

但是，仅仅靠着“总有一天会用到的”这一理由，就把“自下而上的学习”强加给孩子，他们是不会配合的。我们有必要采取一些让孩子清楚学习意义的方法，让孩子做一些有目的性的活动，即孩子们想做的事情。在做的过程中，孩子们会感受到学习基础知识的必要性。日常生活中，我们重视实践性和实用性，也进行着很多这样的学习。我们非常清楚自己为什么学习，在此，我想把这种学习称为“自上而下的学习”。

我经常拿网球练习做比喻。我中学的时候加入了网球部，那时，我们彻底是从零基础开始，一点点积累，不断训练。最初是基础体力训练和空抡。空抡合格后，是朝着网啪啪地打，叫作“打网”练习。“打

网”练习合格后就是在球场和对方进行“乱打”练习。达到一定水平后，再进行发球、截击、扣球等练习。我起初就是想参加比赛而进入的网球队，但实际上达到能参加比赛的水平最少也得需要两三个月。

因为这种练习很辛苦，在这个过程中大多数人都会觉得“辛苦，很无聊”，所以社团成员都相继中途放弃。最初由三四十人组成的社团，最后只剩10人左右了。球场也就只有一个，人数刚刚合适。从基础训练开始，经过艰苦训练，不断淘汰人选，在资源匮乏的情况下，通过这种方式筛选出真正有干劲的人，或许是个不错的体制。

但在一般的网球学校，绝不会采取这种方式来进行网球练习，如果学员都筛掉就麻烦了。那么在网球学校怎样进行练习呢？首先把打网球的整套动作教给学员，然后让他们在比赛中掌握经验。学员会觉得虽然打得不好，但网球比赛还是相对有趣的。稍微试着打起来，慢慢地会想要打得更好，会萌生“我想赢，想打得更好”的想法。这时再重新做基础练习，进行“乱打”或“截击”。他们内心会明白自己究竟为了什么而做这样的练习。在比赛的过程中，会亲身感受到基础练习非常重要。而且通过基础练习后能力又确实有所提高。虽然很少有人会认为基础练习有趣，但明白了其意义后就会干劲十足了。这就是重视实践性，实用性，回到基础训练，自上而下的网球练习。

我们试着考虑一下在学校里的课程学习，学校并不想只是通过“自下而上的学习”来进行筛选学生。高考也是，如果是以前，因为进入大学很难，选拔可能很重要。但现在学校希望真正想要学习的人尽量都能进入大学。因此，有必要采取“自上而下的学习”的方法，让学生更容易看到学习的意义并能实实在在地感受到知识的作用。

比如，就自己感兴趣的题目在网上进行查找，遇到比较难的汉字，不会读的时候，我们便会明白平时在语文课上进行的汉字学习并不是为了汉字考试时得高分，而是自己在获取更多的信息时会用到。当遇到“因为没有历史知识，就算查到了也不明白”“因为没有科学知识，根本不理解内容”这种情况时，就会再次感受到把课程学习作为基础进行学习的意义所在了。

把“自下而上的学习”用学习的两个循环模式进行描述的话，就是从习得型循环入手，向探究型循环迈进。相反，“自上而下的学习”是进行探究型循环学习时明白了基础知识的重要性和必要性后，再进入习得型循环学习。无论哪种方式，重要的是不能只进行某一个循环，而是通过把二者结合起来，形成学习的逻辑性，认清学习意义，激起学习兴趣，并将其深入下去。

第二节　探究灵活运用知识

一、功能性学习环境——从三宅教授的实践开始

功能性学习环境是20世纪80年代中期曾被少量使用的词语。我是从当时在青山学院女子短期大学任职的三宅奈保美教授（现在是中京大学教授）那里听到的。三宅教授是认知心理学家，当时在短大教英语，在授课期间进行了一次新颖的、有实际意义的尝试。课题是“探究自己的主题”。学生们自己定主题，如“女性的自立”“女性和工作”或“教育孩子”等。针对这些主题，学生一边听取别人的意见，一边加深自己的想法。

当时，没有“网络”这个词，被称为“电脑通信”时代，但能和海外相互联系，也能给很多人发电子邮件。课上学生进行一些学习活动，向美国或以色列人进行提问，把自己做的报告发过去。乍一看根本看不出是英语课堂。当把活动情景通过课堂或演讲展示给大家，问大家“你认为这是什么课”时，通常学生会回答“心理学课”“社会学课”，有的因为看到大量地使用电脑，认为是“电脑课”。几乎没有人回答这是“英语课”。

学生们的目的是要研究自己的课题，但是，如果想从美国或以色列人那得到意见的话，必须要用英语写信提问。当然，有了回信也想读。这和书本不同，因为是发给自己一个人的邮件，即使查字典也要读一读，当自己也想向对方表达自己想法的时候，就会好好学习语法，写出能够让对方看得懂的英语。这时，英语就成了交流的工具，学生因为需要而去学习。三宅教授认为就应该这样学习英语。

学生们还要学习如何操作电脑，学习通信的方法，以及编辑器的用法。学习这些并不是为了遥远的未来，它既无关就业，也无关教养，

同样也与兴趣这种内在动机无关。只是针对自己的课题，如果想通过电脑通信获取信息，就必须学电脑的使用方法。

这种学习方式叫作“功能性学习环境”。功能性学习环境就是让学生将学过的知识发挥作用，灵活运用知识的学习场所。当时听了三宅教授的话，我觉得这是一个非常新鲜的想法。我们在上初中和高中的时候，几乎没有可以用到英语的地方，但是我们要面临测验，还有入学考试，进入大学后，还有英语课，不学不行，只能硬着头皮学。现在只要使用网络，就可以和外国孩子以较低成本进行交流，学习英语。让学生在现实生活中使用知识，能在灵活运用知识的环境中学习。这种情况已远比从前容易多了，学校应该导入这种学习方式。

二、参加 ThinkQuest（思维探索）活动的学生

20世纪90年代中期基本决定在新学习指导纲要（1998年告示）中，面向小学、初中、高中生导入“综合性学习时间”。当时我作为文部省委员会的一员就如何定夺综合性学习内容一事也参与了讨论，但并没有找到符合自己想象的综合学习实践。到了1997和1998年前后，出现了许多实践活动，有一些让我觉得“原来如此，这种学习确实很符合综合性学习的初衷”。其中印象较深的是要参加 ThinkQuest 活动挑战赛的高中生的活动。

ThinkQuest 原本是世界网络挑战赛，现在也有了国内竞赛。参赛的是12岁到18岁的初中生或高中生。比赛内容就是编教材，这一点非常有趣。孩子们自己创作认为对全世界其他孩子真正有用的教材，但一定要以团队的形式参加，以便促进合作学习，而且一定要有指导老师。大学生、社会人士、教师等人担任指导老师，为学生提供指导。

日本第一届参赛学生的活动情形，在1998年NHK的《今日教育》节目中播出。庆应义塾湘南藤沢初中部、高中部有十多个团队参赛，我以前的老友田邊則彦担任指导老师。学生们就“克隆技术”“地球的历史”等大家关心的问题进行了调查，编写出在设计和布局上都下了功夫的教材。因为是场国际比赛，赛场在美国，最终要用英语完成，

所以学生们又熟练地把草稿译成了英文。

印象特别深的是，以冲绳的基地问题为主题的 3 人团队。暑假期间，他们亲自去了冲绳，采访了基地，听取了当地的年轻人和专家的意见，虚心接受了纪念馆里文艺者的建议，最终创建出非常充实的一页。这一页在竞赛中也获了奖。出色的结果自不必多言，单凭他们并没有闭门造车，而是走进生活，广纳众意，自我升华。在这一点上我觉得尤为了不起。

参加 ThinkQuest 的学生们都是带着很强的意愿投入研究的，他们所展示出来的学习积极性与学校的那种典型的积极性截然不同。这不正是今后我们所要追求的那种积极性吗？它和“为了考试取得好成绩”“为了让老师对做出的作品有个好的评价”这些动机截然不同。我觉得有价值的地方在于“调查自己感兴趣的东西，然后把调查出来的东西做成教材，让其他国家的孩子也能受益”。学生们在制作过程中学到了很多东西，而且运用了课程中学到的知识。他们在活动过程中感到了基础知识的必要性，也产生了“自上而下的学习”。

不过，把这个录像给学校老师看时却引起了强烈的反感。有的说：“哪有这样的高中生啊。”小学老师说：“那是高中生，小学生不可能做到。”我并不是要求大家付诸同样的实践，重要的是什么样的学习环境能让学生们表现出学习积极性。像制作品、发表、演示这种学生自己创作的东西能对别人有用。此时，他们会感受到做的价值。这不正是中小学应该下功夫去营造的学习环境吗？

三、新闻网站——高中生制作网站杂志

我从 3 年前开始接触 ThinkQuest 的日文版。因为是一种比赛，也可以说是竞争，初中生和高中生都做出了非常优秀的作品。只是，我唯一担心的是主题会越来越少，最终找不到主题。例如，即使提出“克隆”这一主题，有关克隆的先行研究已经不胜枚举，如果做不出更高水平的东西就会变得重复无味。但内容太专业的话，做的一方也很难，对学习这方面知识的孩子来说，也比较难。那么作为教材也不合

适。既想让学生们感兴趣，又能通过一定程度的调查就做出来的课题是非常有限的，而这有限的主题在世界级范围内一个个被做出来，那么后来参加的孩子在选题上就会变得更加困难了。

在此，我得到了名为网络·学习·学院的NPO的协助，最近开始做一项由高中生来做的名叫新闻网站（正式的网站日文版叫Students' NewsWeb，英文版叫Students' NewsWeb in English）的网站杂志项目。这是一项就现代社会的时事问题进行采访、调查，并将其登载到新闻网站的项目。题材可以涉及政治、经济、社会、教育、体育、艺术等等。

本项目在全国设立支部组织，如果是以学校为单位的支部，就在综合学习时间或社团活动时制作这种新闻。如果是地区的支部，如在××县××市设立支部，那个地区的高中生会周期性地聚在一起。即使平时不能见面，也可以在网上建立一个虚拟支部，在那里组成小组，制作新闻。然后把成果提交给本部，定期发行。

因为2002年刚刚开始试行，所以参加该项目的只有3所学校。东京大学教育学部附属中等教育学校（初高中六年一贯制教育），利用“按课题学习”的综合学习时间，以“年轻人的流行”为专题介绍东京街道的景象。例如，四五个人一组去新宿、涩谷、原宿、池袋等地进行采访。在长野县，县立长野西高中也参加了该项目，因为和韩国学校有交流，向日本和韩国的学生们提出调查问卷，写出日、韩两国思维的共同点和不同点。在冲绳县，县立那霸国际高中，以“生命”和“环境”为专题，总结在冲绳发生的问题，然后做成新闻。这些都作为第1期于2003年5月公开登载，日文版和英文版都能看到。

到目前为止，虽然还没有深入介绍此项目，但已经很清楚地看到了高中生们热情的投入，本部也能对收集来的新闻做出回应，所以今后想继续扩大此项目。各个支部要完成一篇报道可能需要半年或一年，如果支部数量多的话，发行数量也能增加。如果有海外读者的话，还应该会有问题或建议的反馈。在制作新闻或和读者进行交流的过程中，就产生了使用英语这种非常好的学习环境，还能把在课程中学到的科学和社会知识活用于采访和编辑之中。在整个活动中，会激起学生加强学习的积极性。这些都是我们做这个项目的目的。如果有感兴趣的高中，请一定加入①。

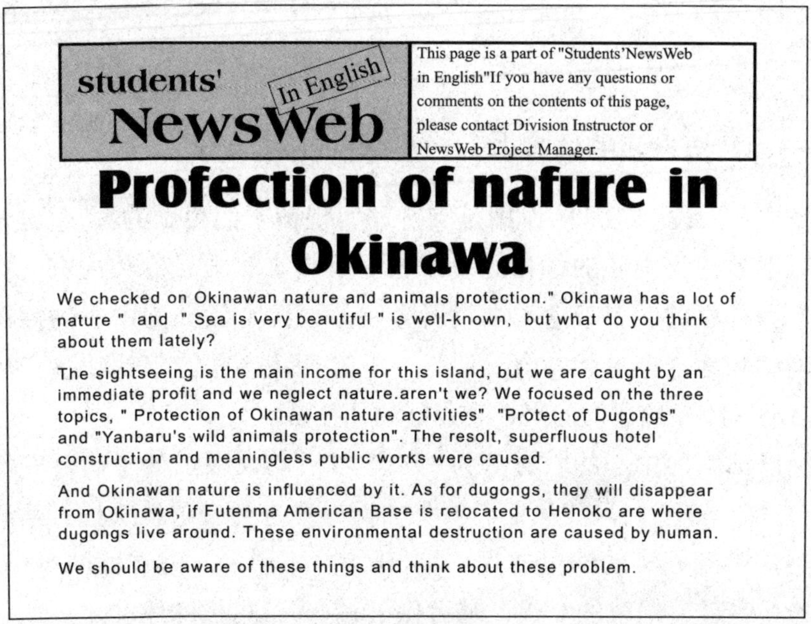

students' NewsWeb In English

This page is a part of "Students'NewsWeb in English"If you have any questions or comments on the contents of this page, please contact Division Instructor or NewsWeb Project Manager.

Profection of nafure in Okinawa

We checked on Okinawan nature and animals protection." Okinawa has a lot of nature " and " Sea is very beautiful " is well-known, but what do you think about them lately?

The sightseeing is the main income for this island, but we are caught by an immediate profit and we neglect nature.aren't we? We focused on the three topics, " Protection of Okinawan nature activities" "Protect of Dugongs" and "Yanbaru's wild animals protection". The resolt, superfluous hotel construction and meaningless public works were caused.

And Okinawan nature is influenced by it. As for dugongs, they will disappear from Okinawa, if Futenma American Base is relocated to Henoko are where dugongs live around. These environmental destruction are caused by human.

We should be aware of these things and think about these problem.

图 2—1　NewsWeb 英文版报道。关于冲绳自然保护问题，由冲绳县立那霸国际高中制作。

① 参加新闻网站的基本条件是各个支部能独立做出新闻，本部汇总新闻并对促进支部之间互相交流进行必要性支援。详细请参照 http://www.ila.or.jp/project/newsweb/japanese/top-j.htm 的“参加申请”。只是，此事业从 2004 年开始被东京大学 21 世纪 COE 项目之一“基础学力研究中心”接管，今后三年将作为此中心的实践研究进行运营和实施。

第三节　拓展生活，开拓自我的学习活动

一、开拓自我的体育课——小学的花样游泳

经常有人说“老师的作用是支持和实现孩子们想做的”。也经常有人反对以教师为中心的教育，即由老师来决定教学目标和内容。提倡以学生为中心的教育理念。本章所介绍的以探究活动为中心的授课方式，确实和这个理念相吻合。但是，不能否认老师能起到让孩子体验各种活动，激发孩子们的兴趣和爱好的作用。

把以学生为中心的教育认为是“学习活动仅限于孩子们自发性的活动”，那么孩子们只能从他们狭小的世界里进行有限地选择，结果他们很难体验到充实的学习过程。“刚开始并不想做，但在做的过程中，逐渐产生兴趣，结束的时候，觉得做了真好。”这样的体验才是学习的乐趣所在，才会使孩子们想要再次去感受。

静冈大学教育学部附属滨松小学校是一所以“怀揣梦想，开拓自我”为教育理念开发教学计划的学校。在这里，我想介绍一下袴田博秋教师上的体现了该理念的体育课。在袴田老师的体育课上，令人印象深刻的是四年级的节奏舞蹈课。起初，孩子们让别人看到自己跳舞都会感到害羞，上了袴田老师的课后，他们逐渐变得积极起来，会自己配合着音乐律动。孩子们先在体育馆里分成几个组各自练习后，登上舞台，随后便沉浸在互相表演，互相欣赏的氛围中。

到了五年级的时候，袴田老师制订了一共 10 个小时的单元学习“花样游泳”。当然，一开始，基本没有孩子想学。但是，当袴田老师发现越到高年级不喜欢游泳的孩子越多时，便对指导孩子的游泳方法产生了质疑。一直以来都是按照游泳程序让孩子一步一步默默地进行练习。这时，袴田老师提出了将“和朋友一起分享运动的乐趣”这种健

身、表演的想法运用到游泳上，策划了花样游泳单元学习。

孩子们在电视上可能会看到国际选手的比赛，但很难有切身的感受。在开始上游泳课的那天，老师让孩子们先看了旁边附属中学的学生H配合着音乐进行花样游泳的表演。去年连25米都游不了的K说“又是抬脚，又是在水中转圈，看起来挺有趣的啊”。差点溺水，很害怕水的男孩H说“游得好自在啊，如果练习的话我也能做到，但一下子肯定不行”。还有不少孩子说“花样游泳是女孩子做的事，男孩子做有点害羞”。

调查了当时大家的想法后发现，41人中有13人回答“想试着做”，16人回答“做也可以”，12人回答“不太想做”，没有一个人回答不想做。于是，在进入练习之前，袴田老师又给孩子们看了电影《水男孩》，然后进行了分组。男孩H可能受到电影的感触，成为“THE · BOYS”组的组长。

我观摩教学时，单元学习已经到了末尾，配合着音乐，各个小组正在努力的练习着。因为有了节奏舞蹈时的经验，所以他们能自己做完动作后和小组共享，互相评价，清楚自己的优缺点后再进一步进行练习。他们高超的游泳技能让我感到惊奇，与按照以往训练模式训练出来的孩子完全不同。到最后结束时，让身体在水中浮着做8字形打水法5分钟以上的孩子由刚开始的11人达到了35人。能5分钟以上踩水的也从19人达到了37人。单元结束时，在男孩H在回忆录中写道：

最后，能展现我最好的水平，真好！自己也学会了所有的游泳技能。在花样游泳中，充分感受到和大家一起学会时的快乐和不会时的痛苦，十分难忘！

滨松小学校所提出的“梦想”和“开拓自我”并不一定是在遥远的将来所要从事的工作。在袴田老师的课上，受到高年级或电影的影响，有了尝试去做的想法和目标。由此，扩大了自己从未有过的“生活乐趣的范围”。而且，在这种学习积极性的支配下掌握了各种技能，扩展了“能成为的自我”。

二、体验成为一名研究者——模拟研究者，制作数学论文集

我在《向开放式学习出发——21世纪学校的作用》一书中，提出了“体验成为一名研究者的活动”，即RLA（模拟研究者）的想法，介绍了琉球大学教育学部附属中学狩俣智教师的数学课[①]。他的课堂上，无论是内在动机，还是外在动机，学习都不是通过学来进行的，而是通过参加探究活动来完成的。如果是大学或大学院的学生很容易理解探究活动的动机和目的，而在小学、初中和高中，模拟研究者的活动有什么作用呢？我举出以下三点进行说明。

第一，研究者进行的探究活动很多是来源于孩子们本身的兴趣和爱好。

第二，RLA作为基础的科学性研究活动深深地承载了其文化意义，希望孩子能接触。

第三，研究者的活动中含有很多普通市民生活中所需要的东西。如推理因果关系，逻辑思维，批判性讨论别人的意见等。

书中介绍的狩俣老师的实践是，把教室当作学会的发表会场，学生们做出“自己提问并解答的作品”，形成“通过发表共同享有”“根据讨论共同琢磨”这种系统化的活动。在九州和冲绳的几个公立学校举行的数学教育学会上也汇报了这种形式的RLA。之后，作为狩俣老师自身的实践，要进行制作数学选修课的学生论文集和举行公开座谈讨论会的模拟学会。在这里简单地介绍一下前者。

这是在1998年进行的一堂课，是中学三年级数学选修课。课题是学习基础编程后，制作出一种程序，即能通过电脑自动生成具有某种性质的整数。自己决定要做出具有什么性质的数，但完成此课题还要思考阿拉伯式记数法（算法），做出基本程序，确认实行后是否能得到正确答案，最后通过论文的形式将所有过程表达出来，汇总成“中

① RLA原本是笔者作为大学或大学院的授课方法提出来的，在赤堀侃司（编）.《实例书　大学授课的方法》（有斐阁，1999年）一书中具体介绍了“学生作为论文审查者的专题讨论课”“公开讨论式授课”“学生作为讲演者的专题讨论课”的实例。

关于狩俣老师初期的实践，在《提高积极性的课堂》〔加藤幸次，奈须正裕（编），教育开发研究所，1997年〕一书中有以下论文。

狩俣智《提高学习积极性的调查者活动》

学学生论文集”。现将我得到的1998年3月出版的论文作为例子说明如下。

1. 找出乘法和加法运算结果相同的5个数

2. 研究扩充毕达哥拉斯数字

3. 求2次方程式解的步骤

4. 求约数的积和原数相等的数

5. 与和差平方相等的两个数

6. KOBASIKAWA数的发现

7. 研究阿姆斯特朗数的一般化（毕业生寄来的稿件）

每一篇文章的记述都非常扎实，让人惊叹。RLA的目标不是单单拿出难题，把它解出来就完成了，而是要用别人能明白的方式将其表达出来，和大家分享并进行交流。经常有人说“大学生入学考试，连考试答案都不能工整地写出来，真让人头疼”。我们可以说像这种在写论文的过程中，试着掌握数学表达也非常有趣。

大部分学生不一定要成为数学家，但是，能体验到探究中的乐趣，也能极大地增加“想成为的自我”的选择性。而且，在活动中掌握了提出问题，解决问题的能力以及表达能力等，确实增大了“能成为的自我”的选择性。

三、向10年，20年后的自我迈进——城南高中的美梦成真计划

我虽然听说过福冈县立城南高等学校的美梦成真计划，但直到2001年7月看了NHK的《今日教育》节目之后，才对它的想法产生了很大的兴趣。美梦成真是“Dreams come true”的略写，即实现梦想的意思。在城南高中，入学后分配给学生一篇作文，题目是“10年后，20年后的我”。第一年是“调查的一年”，通过职业指导或小组调查，考察有什么样的职业，什么样的升学适应这样的职业，明确自己的兴趣和爱好。第二年是“行动的一年”，进行“美梦成真”体验活动。如通过体验看护，旁听审判，参观广播电视台，参加大学的学校展示会等活动，找到和第一年的想象所存在的实际差距。第三年是“实现的

一年”，充分发挥自我理解，自我启发，朝着下一个舞台，明确目标并去实现它[①]。

城南高中本来是一所升学意识很强的学校，据说10年前，学生的学习积极性开始下降，升学实际成绩也开始降低。年轻人失去了目标，学习积极性和工作意识减弱，不用看内阁府“生存力战略研究会”的报告，这是全国存在的趋势。对此，城南高中并没有像以前那样煽动入学竞争考试，而是迅速地采取了“通过考虑自己的生活方式，让学生找到学习意义，唤起学生的学习积极性”的教育方针。这一点从第一章，第二章中提到的学习动机的两个要素来看，可以说是使用了“唤起学生实用意向和训练意向”的方法。既没有追求内在动机中的充实意向，也不依赖于报酬意向和自尊意向，而是从正面抓住对高中生来说最重要的课题“升学选择”，可以说这是最切实的动机了。

之后，我在“生存力战略研究会”上也听取了城南高中的实践情况，又亲自和長瀬康信校长进行了几次交谈，再次了解到学校要把“美梦成真”这个想法贯彻到整个学校，把所有的活动都和这个想法相结合。表2-1是城南高中的升学学习体系概况。以“综合学习时间”为核心，进行美梦成真活动。把学校的活动，演讲会，还有课程的学习都作为学生“寻找自我”和“理解自我”的契机。同时，作为老师们的愿望，学校的教育方针是“不是去实现有野心，有个性的梦想，而是要拥有作为人应该有的大志向”。長瀬校长经常说“尽量让学生们去接触在社会各个地方发光发热的人”。通过了解社会上的各种生活方式，让学生们具有更高的梦想。

① 美梦成真计划的实践在中留武昭（主编），福冈县立城南高校（编者）《以学生为主体的就业学习　美梦成真计划》（学事出版，2002年）一书中有详细的介绍。在《从学力到生存力》〔市川伸一（编），教育出版〕一书中，登载了長瀬康信校长的论文《和未来舞台紧密相连的〈美梦成真计划〉》。

表 2—1 3 年间城南高中的升学学习体系

学年	目标	形式	主题	内容
1年级	自我理解	调查	职业	•美梦成真指导 •10 年，20 年后的我 •互联网学习 •编制美梦成真小组 •就业指导专题讨论 •教学大纲报告 •辩论大会
2年级	自我启发	行动	学部	•课题研究（一年） •美梦成真活动 •小论文竞赛 •学校展示会 •联合研讨会 •美梦成真辩论大会 •课题研究发表会
3年级	自我实现	实现	大学	•美梦成真活动 •小论文竞赛 •学校展示会 •美梦成真辩论大会 •升学选择

※ 小论文、日记是全学年

※ 美梦成真活动实例

参加讲演，公开讲座，访问企业，志愿者活动，体验入学

城南高校通过这种教育方针来激发学生们的学习积极性，结果提高了实际升学成绩，是一个成功的例子。但也出现了很多问题。教师们把更多的精力投入到学生的自我实现中，在研究如何提高学生的学习积极性，思考多角度的指导方法的同时，虽然提高了教师自身的水平。但是，随之而来的负担也加重了。学生们在高中阶段往往很难确切地描绘出自己的未来，由此会产生各种不必要的烦恼和无谓的负担。虽然这些问题会一路相伴，但作为对今后高中生的一种学习与历练，美梦成真计划将会是一大指导方针。

实际上，据我所知，私立的主要高校已经指出“在升学方面煽动学生，为了进入好大学而让学生学习”这一目标越来越难成为学生的学习动力了。他们正在转向和升学选择相关的指导。教育应该是朝着有魅力的生活方式并以实现这种生活方式为目标而前进的。

第三章　力求简单易懂的教学

——以『授课·启发思考并行的教学』为基准

在前一章，主要介绍了符合探究循环型学习的发展性学习。对于这种教学方式，经常会听到很多批判的声音，如“不可能总是那样上课”“哪有那些时间来做这些”“平时的课程怎么办”等等。确实，谈教育，如果只谈理想教学的话，不仅有失偏颇，更是难以实现。本章将提出“启发思考式教学”，是针对习得循环型的普通教学而言非常实用的一种教学设计原理。

在一般的教学中，最基本的问题是，在有限的时间和孩子学力参差不齐的情况下，如何展开“简单易懂的教学”，尽最大可能培养孩子的基础学力和提高他们的学习积极性。“简单易懂的教学”一直是学校教育的重要课题，只可惜“上课听不明白”的学生却一点也没有减少。

不仅如此，最近，听说有很多孩子都认为“补习班的老师讲课更清楚”“教学方式更好”。还有的孩子毫不顾忌地说“学校是歇口气儿、交朋友的地方，补习班才是真正学习的地方”。更有许多老师到补习班、预科学校听课，学习其教学方法。为什么会出现这样的现象呢？我认为应该从根本上考虑学校的教学方式。

第一节 “不讲课·思考单行”的教学是理想的教学吗

一、新型和旧型的“听不明白的教学”

如今，在学校，有两种教学方式让学生上课听不懂甚至觉得无聊。一种是日本传统的填鸭式教育。老师无视学生的兴趣、热情和理解程度，一味地向学生灌输知识，导致他们的厌学情绪高涨。但是，小学在推行“新学力观”之后，反而出现了老师不认真教学的情况。

例如，在学生们还几乎没有任何基础知识储备的情况下，老师就提出“自己思考看看”“大家一起思考看看”，让学生们提出各自的见解，以不能进行填鸭式教学为借口，几乎不做任何解释说明。这样一来，孩子们在这段时间里到底掌握了什么知识，学到了什么新东西，都在没有实际感受到的情况下进行着。这就是一种新型的“听不明白的教学”。这对孩子们来说也是无趣的教学。

过去的那种旧型的“听不懂的教学”，是因为老师总是单方面灌输知识，净是些解释说明，既听不明白，又无趣。而新型的“听不懂的教学”则是老师几乎什么都不教。学生们的发言即使有错误，也不告诉他们正确的思考方式和知识，因此，学生们不知道什么才是正确的，继而心生无趣。在小学阶段，这种新型教学方式更危险。

无论是填鸭式教学，还是启发思考式教学，这两种课堂下的学生不知道学到了什么，没有充实感。对孩子来说，无论是学到了新东西，还是学到了新本领，都能激发他们的积极性。但处于这两种极端的听不懂的教学有一个共同点，就是无法让孩子感受到充实感和成就感。

我们有必要再次确认教学的根本是老师在一定程度上认真教授学生知识。当然，光是教授知识，容易形成过去的那种填鸭式教学，但我希望大家不要简单地认为“教东西就是在填鸭知识”。很多时候，通过老师的认真教学，能引发出学生“这里不是很明白，我想弄明白”的兴趣。

另外，让孩子能勇敢地说出“我不明白”。在孩子说出“我不明白”的时候，我们还需要帮助他们跨过这道难关。这样一来，不懂的搞懂了，做不到的做到了，孩子们自然就会产生成就感。

二、不讲课·思考单行的教学

人们普遍认为“不讲课·思考单行”是好的教学方式，不过，往往也正是这种教学沦为新型的“听不懂的教学”。这种说法常常会遭到学校的反感，不过我认为，近十年，“‘不讲课·思考单行’才是理想的教学方式”是不是被谈论得太多了。指导书中也经常会提，甚至在观摩公开教学中，也基本上都是这种教学方式。

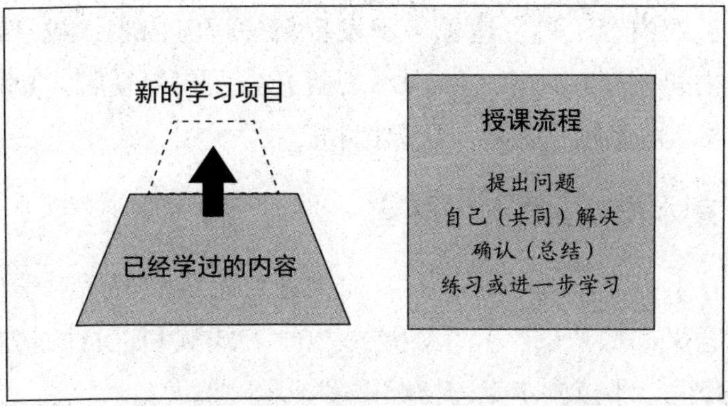

图 3–1　不讲课·思考单行的教学及其流程

正如图 3–1 所示，在典型的教学中，首先是提出问题。以小学三年级学习除法单元为例。复习已经学过的内容：加法、减法、乘法，在此基础上学习除法这一新的计算方法。首先，提出“有 12 块饼干，将它们分给 3 个人，每个人分到多少块”这一问题。这个问题在数学用语中被称作“等分除”。在同一个单元中，“包含除”也很快就会出现，即“有 12 块饼干，每人分 3 块，可以分给几个人”。

课堂上，首先提出这个问题，让学生们“自己思考”或是“大家一起思考”，期待孩子们各抒己见。然后，确认正确的思考方式做出总结。最后是通过反复练习以求巩固知识，或是解决更难一点的问题。整个教学采用的都是这样的流程。每一单元的导入部分都是想让学生们自己思考，花大量的时间让他们自己解决，或是进行讨论。

实际上，学生们复习的时候，经常会把教科书中的公式、例题等作为素材。分别以小学、中学、高中为例，有“思考平行四边形面积的求法”“用方程式解决盐水的浓度问题”“推导排列组合公式”等问题。鉴于教科书上有解释说明，老师会让学生“不要打开教科书，先把书倒扣在桌上”。同时，预习也不再受到欢迎。因为预习会提前看到答案，有违自己思考的初衷。

当然，虽说是“不讲课·思考单行”，但也是以学生具有一定的知识储备为前提的。如果孩子们利用日常经验积累和已经学习过的知识来思考新问题的话，老师们会给予奖励。也就是说，老师们鼓励学生用已经学过的内容，自主地思考和发现新的学习内容，或是让他们通过和同学之间的互相讨论，共同琢磨研究去发现新视野。这样能培养他们的“数学性思维、兴趣、积极性和态度”。

三、剧本与现实之间的落差

这种教学方式，并不是不好。如果进行得顺利的话对学生而言也是非常有意义和愉快的。只是，这种教学方式顺利进行的情况十分有限。也就是说，不按剧本走的情况很多，风险很大。

例如，之前提到的小学三年级数学“除法导入”，我曾听过几节课。老师在提出“12 块饼干分给 3 个人，平均每人能分多少块”这个问题的瞬间，半数以上的孩子立刻在笔记本上写下了“12 ÷ 3=4”。当老师问道：“我们接下来才准备学除法，为什么你们已经知道了呢？”其中有的孩子回答道：“在补习班学过了”“爸爸妈妈教过我”。还有的孩子诚实地回答道：“我预习了课本。”对于这些孩子而言，不论老师在导入部分怎么下功夫花时间，使用什么样的道具让他们思考，他们几乎都不会再费神动脑子了。

另一方面，对于学习能力不高的孩子而言，即便是绞尽脑汁也弄不明白。有的孩子虽然在思考，但依旧搞不懂，有的孩子从一开始就放弃了，几乎不去思考，等着谁说出答案来。最终，积极的孩子开始发言，而那些即使思考了也弄不明白的孩子和无法参与讨论的孩子，终究体会不到靠自己解决问题的那份喜悦。

也就是说，事实上有许多孩子都在预先学习。对于这样的孩子而言，这种教学方式并不能培养他们解决问题的能力。而且，对于那些即使自己思考也弄不明白的孩子而言也是同样。仅仅有几个人在发言，看似讨论确实是在继续，也着实在思考如何解决问题。不过，与个人水平相符的讨论并不多。

而且，由于在启发学生思考时花费了大量的时间，所以老师认真解释说明的时间自然就少了。作为老师，本来是希望学生们能在讨论中获取知识，但因为孩子的发言不清楚，对其他的孩子来说，有的时候根本不明白发言的人说了些什么。而老师自己很清楚教学内容，所以能够理解发言的学生大概是“想表达些什么”，一边提示发言的学生，一边继续进行教学。

因为课堂上老师不再进行详细的解释说明，本就“听不懂的学生”不懂的知识便越积越多。到补习班上课的学生，还能坚持下去。可对于没有去补习班学习的学生而言，就非常痛苦了。当然，对那些没有预先学过，在课堂上经过自己认真思考而得出答案的学生而言，这样的教学可能是不错的教学。可是，现实中像这样的孩子能有多少，只怕大多数情况下，这样的教学是很难顺利进行下去的。

第二节 “授课·启发思考并行的教学”及其推进方法

一、什么是授课·启发思考并行的教学

那么，既不是“填鸭式教学”，也不是“不讲课·思考单行”的教学，还会有什么样的教学呢？在这里，我将其称之为“授课·启发思考并行的教学”。所谓“授课·启发思考并行的教学”，是对于新的学习内容，根据老师的解释说明从教授知识点开始导入。以算数·数学为具体例子来解释的话，就是教科书的每个单元最初解释说明的部分，以及已经写有答案的例题部分。

与此同时，还要充分地使用教科书。阅读教科书要像阅读语文说明文那样，认真仔细。我如果这么说的话，有不少老师可能会说“那也太愚蠢了”。特别是在小学会引起很大的抵触，有人会说“从来没看到过那样的指导书和公开教学”。在公开课上，几乎就不用教科书。有人还会说，好不容易让学生“不要看教科书，先把书倒扣在桌上”，让他们自己思考，现在又让老师从解释说明开始，真是很难接受。

还有人会认为：“那不成了过去的填鸭式教学吗？”可是，“授课·启发思考并行的教学”，绝不是简单的填鸭式教学。正如本章最初介绍的那样，所谓“填鸭式教学”，是老师单方面地进行说明，几乎不去关心学生理解了多少，自顾自地进行教学。“授课·启发思考并行的教学”是以“只听了老师的说明，或只看了教科书，还有许多不明白的学生”为大前提。导入的部分由老师进行解释说明，当然也要翻开教科书进行仔细阅读。同时如图 3—2 所示，还要加入确认理解程度，发展性课题和自我评价活动等，加深学生对所学内容的理解。

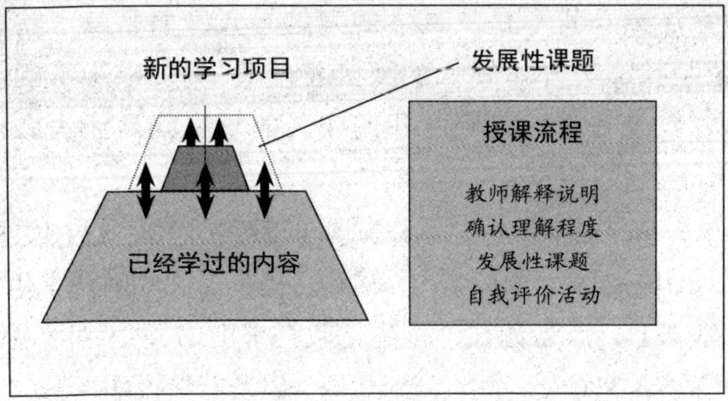

图 3—2　授课·启发思考并行的教学

相反，认为“不讲课·思考单行”好的人，实际上是以“老师一说就明白”“一看书就明白”为前提的。而现实情况是随着学生年级的增长，有很多学生“即便是老师解释了，也不明白”“即使看了教科书上的例题，也解不出同样的题”。这是因为要解决的问题越来越有难度。我们应该认识到，不能抱有太大的期待认为这些问题都能通过“自己思考”或“通过讨论学习”来解决。

二、展开具体的教学（第一节课）——从老师的说明导入、加入确认理解的课题

“授课·启发思考并行的教学”，具体是什么样子呢？之前在我研究室学生的配合下，开展了两节模拟教学，在这里据此详细地说明一下教学进程。学习内容是前文作为例子出现过的小学三年级的除法导入，使用的教科书是东京书籍的《新算数》（2002 年出版）。

首先，在一开始，我开门见山地告诉大家：“你们从今天开始学习一种叫作除法的新计算方法。”接着，在黑板上写上以下文字，并让他们记在笔记本上。

新的计算方式——除法

什么时候使用？

怎么计算？

除法是乘法的逆运算！

请大家注意，我不是从具体的问题导入，而是从“将要学习什么”“结论是什么”开始导入的。接着说道：“大家还不明白什么叫除法是乘法的逆运算，是吧？我们今天的学习就是让大家弄明白这一点。”

“那么，先来复习一下”，以饼干的数量为例，我在黑板上写下“每人分到的块数 × 人数 = 饼干总数”，进行说明、确认学生掌握的程度。在此基础上，点名让几个学生把教科书上的等分除问题（求解 12 块饼干平均分给 3 个人，每人分到几块）以及解释说明部分，像上语文课那样读一遍。不过，在这一过程中重要的是，让孩子们把提前发给他们的便利贴贴在自己不理解的文字或者图表上。

在这节课上，我们将便利贴称作“花瓣”。只要有什么不明白的，就在教科书或者笔记本上的相应地方贴上花瓣，明确区分自己明白了和还不明白的地方，最终力求能够取下贴着的花瓣。也就是说教学的目的是“这里我已经理解了”，花瓣被取掉了这样一种状态。

看教科书就会发现，不明白的地方不断地冒出来，越来越多的花瓣被粘贴上去。此时，将学生们分成小组，进行互教互学活动。老师在小组中来回走动，向他们解释不清楚的地方。其中应该有不少孩子“不知道自己是懂了还是没懂”。也有的孩子认为只要搞懂了计算步骤，就没问题了。

这时，把“能够清楚地讲解给别人”作为一个基准。比如说，“如果真的明白了，那么不看教科书，也能到黑板上来解决同样的问题。不管被问到什么问题应该都能回答”。其实看看小学的教科书就会发现，很多地方就连我们大人都读不明白。也会有很多时候不知道“这段文字到底想说什么”“这幅图到底是什么意思”。

也许有的老师会认为，“学生看了教科书就全明白了，会失去学习兴趣”。可是，实际上学生们在阅读教科书后，常常会萌生想弄清楚这个地方的心情或产生新的疑问。让预习过和在补习班提前学过的孩子试着讲解的时候，他们自己就会发现其实他们并没有完全弄明白。大多数都自认为自己明白了。

等分除的问题也一样，当要求“不通过实际分发具体的东西，而是用九九乘法表进行求解”的时候，没有几个学生能理解教科书上的说明，并向别人解释清楚。就“24 ÷ 6”的求解问题，教科书给出的是如下说明。

有 24 个草莓，平均分给 6 个人，每个人得到几个草莓？

算式 --

★思考解题方法：

一个人得到草莓的分数	一个人分得的数量		人数		总数
一个草莓的时候	1	×	6	=	6
两个草莓的时候	2	×	6	=	12
三个草莓的时候	3	×	6	=	18
四个草莓的时候	4	×	6	=	24

24 ÷ 6 的结果，正好是□ × 6 = 24 中□这个数

24 ÷ 6 = 4　答案是 4 个

24 ÷ 6 的答案可以从 6 的乘法口诀中找到。

□ × 6 = 6 × □

图 3–3　用乘法口诀求商

（《新算数 2002 年版 小学三年级上》P23 东京图书）

这个问题是，求解出使“○○ ×6=24”得以成立的○○数是多少。但是，因为“○○ ×6”和“6× ○○”的值是一样的，6 的乘法口诀从下往上按顺序数，数到刚好是24的地方停下来就可以。这个和下面的做法一样。24块饼干，分到6个盘子中，“一开始每个盘子放一块，还有剩余，那就每个盘子放两块……”，在每个盘子分4块的时候刚好分完，那么答案就是4块。

这对于小学三年级的学生来说，即便读了教科书也很难理解，更不用说自己思考去解决了。而且，阅读教科书，也不一定只是被动地接受，还可能会产生各种各样的疑问。“我不用6这一列来数，用1×6、2×6、3×6……不也可以得到结果吗”“如果总数是23块或者25块，在6的乘法口诀上没有该怎么办”“超出9×9=81的数字就不能使用九九乘法口诀了怎么办”，像这样的基本的、发展性的问题会不断出现，直接链接到今后的学习。

三、展开具体的教学（第二节课）——加入拓展性课题和自我评价活动

模拟教学的第二节课的学习目标是，在与等分除进行对比的同时，理解另一种除法运算——包含除。首先，再次确认“每人分得的个数×人数=全部个数”。此时，在确认求解“12块饼干平均分给3个人”时使用除法“12÷3=4”，以及它的意思是“除法是乘法的逆运算”的基础上，追问“乘法的逆运算不是还有一种吗？”

这里虽然是在发问，但是并非想要拖延时间，而是想让学生思考。如果有能立刻回答出来的学生，便采纳他的答案。如果没有人能立刻回答出来，就提示学生“4×3=12，从12（全部的个数）和3（人数）来求解4（每个人分到的个数），这道题上节课做过对吧”。另一种除法是，从12（全部的个数）和4（每个人分到的个数）来求解3（人数），这时，应该有人会很快给出答案。如果这样还不明白的话，就由老师来讲解①。

① 此处的展开和东京书籍里的教科书中的展开不同。在本书中，将12÷3=4除法算式作为例题，拥有等分除和包含除两种意思。我通过4×3=12乘法算式，让学生们注意到，如果不知道4（每个人分到的个数）的话，可以通过12÷3=4这种等分除得到。如果不知道3（人数）的话，可以通过12÷4=3这种包含除得出。在“授课·启发思考并行的教学”中活用教材，但当教材中的展开和教授者的教学方法不符的时候，不要被其所限制。

除法的这两种不同的意义其实非常难理解，虽然是小学三年级学生的学习内容，但连小学高年级的学生、初中生、高中生甚至成年人，很多人没意识到。对此，为了进一步加强理解，开展了“为除法的两种运算命名”这一拓展性课题。如果没有从本质理解这两种类型的除法究竟是什么，就很难给它们命名。模拟课上的学生A首先提出了“几个型和几人型”的意见。我故意提出“求几个就是几个型吗？还是知道有几个就是几个型”来干扰他们。这样一来，学生B提出了“要不然就是求几个型和求几人型”的意见。

我也给出了自己的建议。我的想法是“将全部的个数分给几个人，每人分得几个的问题，是割分型除法”“从全部的个数中取出相同数量，能分给几人的问题，是取出型除法”。但在这堂课上我的意见被多数人否决，最终采用了学生B的意见。“其实选择自己喜欢的名字就可以，但是这个班的学生在大家的讨论下确定了最终的结果”。通过这种活动，他们能深刻地意识到“两种类型除法”的意义。

随后，我又提出“那么，试着给每个类型的除法出一道题看看吧”。“有30个橘子，分给5个人，每个人能分到几个”“有20碗拉面，每人吃4碗，有几个人能吃到拉面”，大家给出了各自的想法。先让几个孩子发言说自己出的问题，再让其他的孩子回答“这是什么类型的除法”“答案是多少”，最后让出题的孩子来判断答案是否正确。

到此为止，本单元重要的学习目标之一，“理解除法的意义”，已经取得了进展。再与教科书上的“使用带状图”联系起来，让学生们意识到两种除法的区别并“试着用带状图表示这两种除法”。在解决“30个橘子分给5个人”的等分除问题时，通过4条线，分成5个部分，就能用图形来表示“每一部分是几个”。（如图3–4所示）

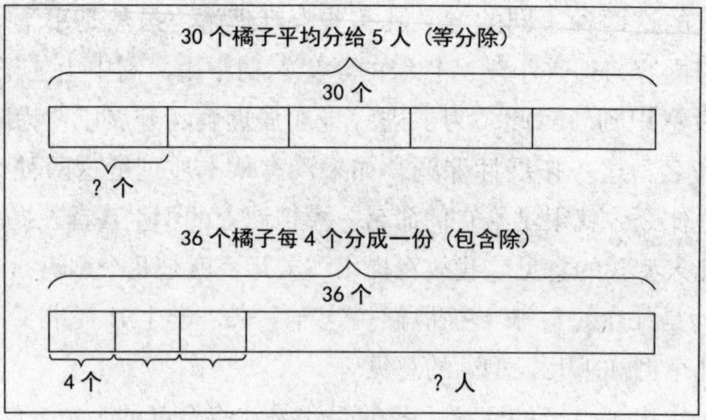

图 3–4　用带状图表示除法

不过，在解决“36 个橘子每 4 个分成一份 ”的包含除问题时，因为分成几部分是要求的答案，所以不知道应该画几条分割线，没办法画图。在此，学生们能够再一次明白，用等分除和包含除所要解决的问题是不同的[①]。

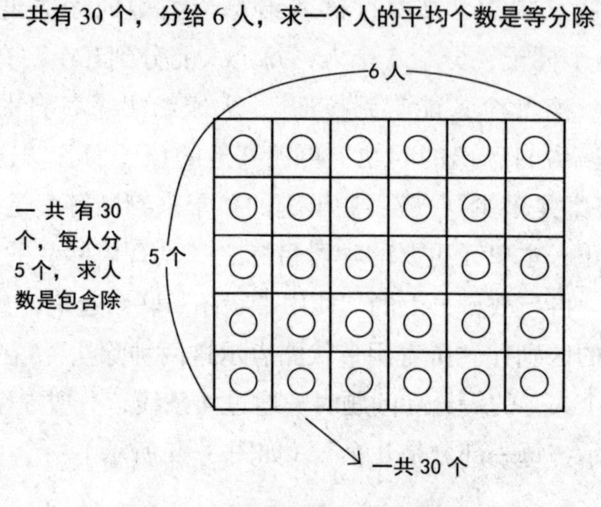

图 3–5　用方框图表示除法的意义

① 在模拟课上模拟学生角色的学生们后来提出疑问最多的是“究竟为了什么去画图，看这个我也不明白”。包含除的时候，如果画不出图，就无法帮助解决问题。我将在导入乘法算式时使用的方框图（图形纵向是一个人的个数，横向是几个人分，图 3–5）也用到了除法算式的导入，这比突然使用带状图要好。如图 3–5，知道整体个数和横向个数要求纵向个数是等分除，知道整体个数和纵向个数要求横向个数是包含除，它们之间的这种对称性很容易就能看到，需要用什么演算过程也很容易明白。

课堂的最后加入的自我评价活动，对于“授课·启发思考并行的教学”而言是很重要的一点。这里所说的自我评价不是“今天多努力呀”“今天学懂了多少呀”这种阶段性评价。而是“今天学懂了什么”，“还有哪儿不明白”，以及“想问老师什么”这种记述性评价。让学生在笔记本上画上笑脸和哭脸，在下面写上“今天弄清楚了这些问题”“这里还不懂”。还要让他们在笔记本上留出“向老师提问”的地方。

在自我评价中写的内容，是衔接下次课程的重要内容，很多孩子都不明白的地方，要在课堂上再次说明。或者是全班同学一起思考。我们就是这样开展教学的。

第三节　对于两种教学的接受方式

一、因误解而产生的抵触——“要否定问题解决型学习方法吗”

一说到“授课·启发思考并行的教学”，最初会因误解而遭到很大的抵触。首先，有人反驳：“你的意思是什么都让老师教吗？”“这种教学否定了让孩子们自己解决问题的学习方法？”其实，“授课·启发思考并行的教学”恰恰是十分重视学生自己解决问题。只不过，“授课·启发思考并行的教学”不像过去那样把解决问题的场景放在教学的一开始阶段，而是在说明了基础知识，让学生理解了基础内容后，再来解决问题。

在单元最初的部分，其实有许多很难的内容。而数学或者理科更是，这些内容是人类花费了几十年几百年思考的问题。如果把它们说成是“体验科学家的经历”，让孩子们自己去思考，从整个班来看是很难施行的。而且，对于提前学习过的孩子而言，这些已经是听一听就明白的东西了。可实际上有很多孩子还没有深刻的理解，只不过停留在能给出一个答案的阶段而已。在这一点上，不如让老师先进行说明，把已经提前学过和没提前学过的孩子之间的差距补齐。提前学过的学生就把这一段当成是复习，比起让他们在自己都已经可以给出正确答案的问题上反复思考，这种方式应该更能接受。

重要的是，不能因为老师已经说明过了，就把它当成教过的内容抛到脑后了。这种教学方式最大的特点是，在这之后，加入课题来确认学生的理解程度，或者开展拓展性课题去解决问题。正如第一章谈到的认知心理学模式，只有学生们有了知识才能进行下去。在单元初期阶段，如果不将基础概念、与例题相关的基本解法等知识先教授给学生的话，学生很难解决问题。另外，如果老师能准备一些教科书上没有的拓展性问题，就不会出现提前预习的人了，这样才能真正解决问题。使用一打开教科书就能看见答案的例题，作为“解决问题的教学”难道不是很奇怪吗？

我想再次确认，“授课·启发思考并行的教学”是启发孩子们思考的教学，一共有三个阶段。第一个阶段是孩子为了理解老师的解释说明而进行思考。但是，有许多孩子还不明白什么是“理解”，因此，要设立一个具体的目标，即“自己能解释清楚”。一直以来，人们倾向于“问题解决了”就行了，当然，能够解决问题是很重要，不过，并不是“只要能解决问题就行”，需要能说清楚概念和解题步骤。第二个阶段是学生能够解决拓展性问题。第三个阶段是通过自我评价活动来判断和表达自己的理解状态。数学家和科学家们也同样，需要用很多精力来理解书本上记述的前人的思想。在此基础上才能去解决问题。

二、因误解而产生的赞同——“没错，不给孩子们灌输知识是不行的”

与此相反，有人认为“没错，不给孩子们灌输知识是不行的”，误解了“授课·启发思考并行的教学”模式，反而赞同起这种教学方式来。我希望大家能理解，“授课·启发思考并行的教学”并不提倡老师单方面地进行解释说明，即“填鸭式教学”。

如本章开头所述，“听不懂的教学”有两种：一种是“填鸭式教学”的旧类型，一种是老师不讲解、不干预的新类型。现在，高中教学属于旧类型，小学教学属于新类型，初中教学则是两种类型的混杂。不论是哪一种类型，问题都在于，老师没有下功夫去正确把握“孩子们的理解程度”。老师不仅仅要通过课堂上的发言和考试的结果来确认学生们对所学知识的理解程度，还要积极准备一些课题进行确认。有人会说，“这不就是说把该教的东西好好教嘛，我也是这样认为的”。问题是，什么才是“该教的东西”？“授课·启发思考并行的教学”主张的是由老师来教授“要学习的新知识”，即由老师来讲解教科书中的解说和例题这部分。这也是颇受争议的一点。第一章的循环学习中已经提及过，实际上“下面要学习的是阅读教科书”，这一活动最好应该在上课之前作为“预习”来完成。这一点在后面的第四章中也会再次谈到，我知道有很多老师反对，但我还是要提出自己的建议。

有的人主张“先教好基础知识是理所当然的。没有基础知识，怎么可能进行得了拓展性活动”，其实这和我的主张还是稍有不同的。因为如果“先学好基础知识”这种想法太过强烈的话，就会一味地强调基础，强迫孩子进行“自下而上的学习”，如只强调“学科基础知识都没搞懂，怎么进行全面综合性学习”，又太过于强调巩固基础了。我在第二章中讲到“自上而下的学习”，就是为了表明不要太拘泥于基础知识和拓展学习的先后顺序。我们也可以在进行拓展性活动时，发现基础知识的重要性，重新学习基础知识。我希望能更灵活地思考这一点。

三、如何有效利用按照学生水平分班教学和小班教学

其实，不论是“不讲课·思考单行”，还是“授课·启发思考并行的教学”，在老师的教学活动中都是必要的。不过，十年前，人们对日本传统的填鸭式教育有了很强的抵触情绪，曾有一段时期，有很多人开始认为“老师尽量不要教得太多，最好在一旁帮助学生”才是最好的教学方式。但是，发展到现在，我们应该有效结合两种教学方式并配合学生实际情况开展教学。

最近，在全国尝试开展了按学生水平分班教学和小班教学。在此过程中，我认为“授课·启发思考并行的教学”依旧是非常重要的课程设计原理。在某校，有一个按照学生水平进行分班组成的学力最低的班级。这个班的教授方法是开展“不讲课·思考单行”的教学。比如，学生们不懂如何通分，老师在黑板上写下“这个问题如何解决呢”，然后让学生们自己思考。虽然这是已经学过的问题，但这是一个正是因为不懂才聚集到一起的班级，即便是这样还让他们自己思考，这无异于拷问了。

之后，虽然也给了他们自己思考的时间，可最终还是老师走到每

个人面前，告诉这个学生“分母要一样”，接着再告诉下一个学生“分母要一样”，课堂就这样随着一句句相同的提示百无聊赖地进行着。很快 20~30 分钟就过去了，既然好不容易把不会通分的孩子聚在了一起，不如把“这种时候分母要一样”做一个统一的说明，当然，不仅仅是做法，还包括为什么这样做也要解释清楚。如果这么解释还有人不懂的话，就有必要进行个别说明了。

我认为，按照学生水平进行分班教学和小班教学，是目的不同的两种教学。按照学生水平分班教学的优点是，更容易统一向学生进行解释说明，对于学力较高的孩子们来说是恰到好处的说明，对于学力低下的孩子们来说就比较难理解了。相反，面对学力比较低的孩子，老师需要一点一点进行一步步的讲解，这对于学力较高的学生来说有点过于枯燥无味了。而小班教学的优点是，可以做到仔细观察每个学生的学习情况。同时，每个学生发言的机会也会增多。这也能提高学生们参与课堂的意识。

实际上，一般来说按照学生水平分班教学都是小课堂，但是也有像预备学校那样，按照学生水平分班组成大课堂来提高效率，或者学生的学力虽低较低，但进行小班一一对应小组指导的补习班，都取得了相应的成效。按照学生水平分的小班教学能大大发挥两者优势。既能发挥按照学生水平分班教学的优势——“先统一教授学生知识”，在此基础上，还能发挥小班教学的优势——“个别辅导没学会的学生”“增加发言机会，提高参与意识”，这岂不是最有效的方法吗？

第四章　培养包括家庭学习在内的学习技能

我在学习的两个循环模式中曾经强调过，学习并不仅仅停留在课堂。学习技能，不仅包括在课上“记笔记”，还包括预习、复习、应试学习等课外学习，随着学生年级的增长，这些技能将越来越重要。

让学生掌握学习技能，对培养学生自学能力非常重要。在这个终身学习的时代，在学校学的不仅仅是基础内容，还有学习技能。

一直以来人们就说，“在学校即便忘记了学过的知识，但仍然有一些东西会留下，这些东西才是学校教育中最重要的东西”，其中就有学习技能这一项。

最近的学力调查结果明确地表明了家庭学习对个人的学习能力有很大的影响。不过，说到家庭学习中的学习技能，学校可能无从下手。我将在本章展开说明学习技能，包括家庭学习，它是学生掌握提高学力的关键。

第一节　从认知咨询指导来看学习技能

一、认知咨询指导的目标

我们利用和个别学生谈学习的场所，开展了认知心理学理论与教育相结合的实践教育研究活动。我们把这个活动称为认知咨询指导[①]。如果用人的智力情感来描述的话，普通的心理咨询所处理的大都是情感方面的问题，如自己的性格、人际关系中出现的烦恼等。咨询师就这些问题给前来咨询的人（患者）提出建议。与此相对，认知咨询指导是处理智力情感中的智力问题，是针对在学习或理解等方面感到困难的人，对他们进行面试或个别指导，从而加深教育研究。如“我数学学不懂很头疼”“我不懂电脑的操作方法”等，认知咨询指导的对象是这种对知识性问题感到困难的人。

正如第一章第二节所述，人的大脑会进行某种信息处理，当它进行的不顺利时，就会认为自己的既有知识出现了问题，或是使用知识的方法、学习方法出现了问题。在认知咨询指导中有一种信息处理模式，可以探寻知识的存在方式、使用方法、获取方法等问题。同时，我们还加入了普通心理咨询时所用的共鸣与倾听，建立咨询师和学习者之间相互信任的关系、促进学习者自立等一系列费尽心思的个别指导。

认知咨询指导，虽然要帮助咨询者解决学不会、不会学之类的学习问题，但是，它并不是单纯地把不懂的地方简单易懂地教给咨询者，而是从以下四个方面去寻找学习者不会的原因，力求培养学习者自立。

①培养动机——学习积极性强不强？什么动机比较强？有没有使学习积极性丧失的环境因素？

---

① 关于认知咨询指导的解说和事例报告，请参考以下两本书。
市川伸一（编），《支持学习的认知咨询指导》，普通出版，1993 年。
市川伸一（编），《从认知咨询指导看学习方法的协商和指导》，普通出版，1998 年。

②元认知——是否认识到理解的重要性？是否充分把握了自己的理解程度？具有什么样的学习技能来帮助理解？

③知识构造——拥有怎样的既有知识？是否有效的整理了既有知识？有没有错误理解的内容？

④必要知识——是否欠缺解决问题、学习新内容所需的知识？

咨询师从这四个方面去帮助学习者，同时，我希望学习者也能掌握这四个方面。只有通过这些观点，学习者有了这种能了解自己不会的原因并尝试着去解决的态度，才能促进学习者自立。不过，这并非一朝一夕所能完成的，要在与拥有这些视角的咨询师进行对话学习的过程中逐渐掌握。

二、着眼于学习技能——从对学生 K 的个别指导来看

在认知咨询指导的研究会上，上述的①至④中很多内容都成为讨论的话题，特别是关于学习技能占了很大的比重。学习技能，是促进学生学习的各种各样的技能，通俗地说就是学习方法。记笔记的方法、教科书的使用方法、记忆方法、解决问题的方法等等，不管哪种都是促进学习的重要方法。有优秀的学习者，也有不优秀的学习者。孩子们通过学习不仅积累了特定的知识，而且，也掌握了学习技能。不过，大多数情况下，这是在无意识的状态中产生的，孩子们注意不到其中存在的问题。

在《改变学习方法的书——来自心理学的建议》（岩波少年新书）一书的第一章中，有我对小学五年级学生 K 进行个别学习指导的内容。这本书本身是面向高中生写的，为了让人们重视学习方法，我故意用故事的形式编写出来。学生 K 在计算“20 平方米是多少平方厘米”这一问题中，得出了“20×100=2000”这样的错误答案。因为学生 K 不知道错误的原因，所以来我这里咨询。我问他“1 平方米是多少平方厘米”，他回答是“100 平方厘米”。我再问“为什么呢”，他说“因为 1 米是 100 厘米”。我接着问“是吗”，学生 K 又想当然地给出答案说：“那是 1000 平方厘米？”“是 10000 平方厘米？”

于是，我换了一种提问方式："1平方米是什么意思呢？"他准确地回答道："是长和宽都是1米的正方形的面积。"不过，在我追问道"那么1平方米是多少平方厘米"时，他便想不明白了。我告诉他，"想不明白的话，画图看看"。学生K便先画下如图4—1（A）的两个正方形，紧接着画下了如图（B）的大正方形中包着一个小正方形。画完图后，立刻明白了"原来是100×100，是10000啊"，而且对于之前的问题，也能得出"20×10000=200000"的正确答案了。

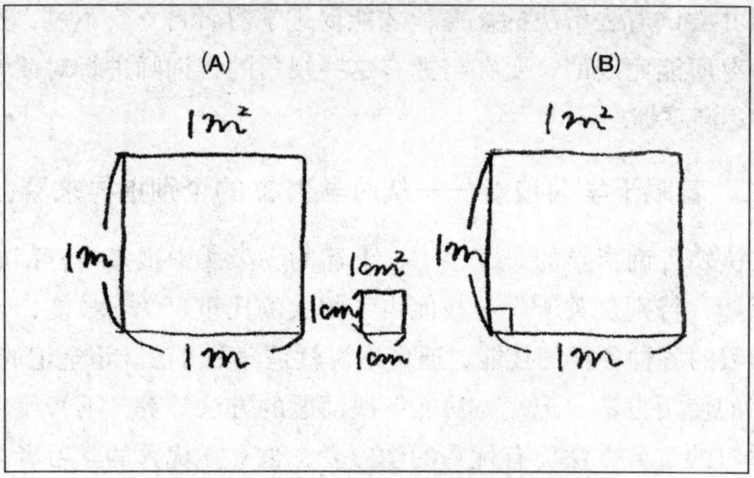

图4—1　学生K画的正方形图形

不过，这时如果马上就和学生K说"很好，那我们看下一个问题"的话，作为学习指导来说是不充分的。认知咨询指导最关键的地方就在这里，这才刚刚开始。顺便提一句，到这为止即使问学生K"你学到了什么"，他的回答也只不过是"1平方米是10000平方厘米"。其实，我想让学生K学到的是，从刚才的计算中得出的学习技巧。

第一，学生K在不明白解决方法的时候，好像没有"回到定义进行思考"的习惯。"原本对于1平方米是什么"这一定义，问他也能答出来，说明是知道的。但是，他却没有自己使用定义重新进行思考。第二，学生K在平时好像也没有"用画图来表示问题，利用图来思考"。这也是如果逼着做就能做，而且用图表示出来后就能马上明白，但就是没有自发的使用这些方法。因此，在接下来的学习指导中，我向学生 K 强调了这两点。这才是我希望通过此次学习让学生 K 掌握的，这也正是在遇到其他问题解不出来时，能做到自己去克服所需要的重要学习技能。

三、认知型学习技能

如果用运动或是演奏乐器来举例说明的话，学习技能就如同好的练习方法，是达到熟练程度的重要一环。不过，掌握“学习方法”是非常困难的，如果不通过一定程度的培养，不自己下苦功夫的话，是很难掌握的。而且，我认为，如今，几乎没有教师会重新审视自己的学习技能，好好地探讨并传授给学生①。在认知咨询指导研究会上，也有很多老师表示：“学校没有提出过教授学生学习技能的想法。”在学习咨询中发现有很多学生还没有掌握有效的学习技能就上了初中、高中，不论怎么学成绩也上不去，渐渐失去了学习积极性。

我认为，从小学高年级阶段开始就有必要促进孩子们自觉地掌握学习技能，这时会有效果。小学低年级的学习内容比较少，具体素材比较多，从发展阶段而言，“学不如记”这种学习方法，还能发挥一定的作用，学生们会喜欢反复的机械学习。但是，进入中学后，很明显地发现，学习内容增加了，接触的抽象概念也越来越多。同时，要求学生通过“教科书”和“老师的说明”来获取知识，这种学习转换会让孩子们惊慌失措。我把小学前的学习称为“日常模式”，从中学开始的学习叫作“学问模式”。

进入青春期，孩子们会有意识地判断自己的理解程度，改善学习方法的意识（元认知）也会越来越强，所以还勉强能应对学问模式。不过，这并非所有的孩子都能自主的完成。而且这也不是一蹴而就的，

① 谈到“学习方法”“学习技能”时，比起学习基础课程，学校的研究开发课题和教材会把重点放在学习解决问题或综合学习的方法上。因为这是一种新型的学习，无论是老师还是学生在学习方法上都有彷徨的时候，所以特意将它提出来，大家可以参考柴田義松《学习方法的基础·基本和综合学习》（明治图书，1998 年）这本书。

针对课程学习，市场上出了很多有关“学习法”“学习技能”方面的书。这些基本都是根据作者自身经验撰写的。一方面我们可以参考这些书的独特性，另一方面，我也发现这些书中缺乏一般性或实证性内容。老师或有积极性的学生可以边对照这些书籍边考察其背后作者的学习观，这也很有意思。在拙著的《改变学习方法的书——来自心理学的建议》（岩波少年新书，2000 年）一书中我引用了不同的学习方法，从心理学的视角进行了比较。

还是有必要从小学高年级开始逐渐掌握学习技能。这里所说的是希望大家掌握新的学习技能，用学习理论来解释的话，是遵循认知理论的技能——“和单纯的反复学习相比，更注重学习方法”“比起死记硬背，更注重理解内容，贯穿知识”“与其靠纯粹的摸索尝试，不如使用恰当的方法”等。在第一章讲述的认知心理学，正是用这样的思考方式，研究了人类处理信息的知识构造和作用。

第二节　以改善学习技能为目标的教学

一、重新审视自己的学习方法（1）——以小学课堂为例

知识是第一生产力，为了让小学生也能理解这一点，我曾在光村图书（2000年）的国语教科书（六年级上）中写过一篇名为《记忆、传达、理解》的文章。并以此为素材，曾开展过主题为“思考自己的学习方法”的教学。下面介绍的是2001年11月在横滨市立东小学六年级1班的教学实例。

负责上课的老师已经上过这节课。在授课的一开始，就出现了好几个心理学中有名的演示实验。如通过实验的结果得出，只听一次就能记住的数字个数是7个左右（瞬间记忆范围）。不过，我们发现像“149162536496481”这样超过7个的数字，只要能发现它们的规律，也能简单的记住，而且还不容易忘记。（这个数字列是1×1、2×2、3×3……的答案的排列。）此外，下面的文字虽然很难记住，但是如果给出括号中的理由，就会变得好记多了。

哥哥说脚很痛（因为足球踢多了）

弟弟说牙很痛（因为巧克力吃多了）

……

爸爸说手腕很痛（因为拿了很重的行李）

我们通过发现信息之间的关联，利用已有知识来理解，这样就能准确记忆了。人与人沟通交流时也同样，利用已有知识去理解接收到的信息，然后再把它传达给别人。引用教材里的话就是：“如果接收者没有相关知识，或是使用的知识不正确的话，发送者想要传达的意思就无法正确传达到了。在我们不知不觉中，大量的知识填充了我们的心灵。”

例 1：你能记住下列数字的排列顺序吗？

1 1 2 3 5 8 1 3 2 1 3 4 5 5 8 9

例 2：你能记住下面的图形吗？

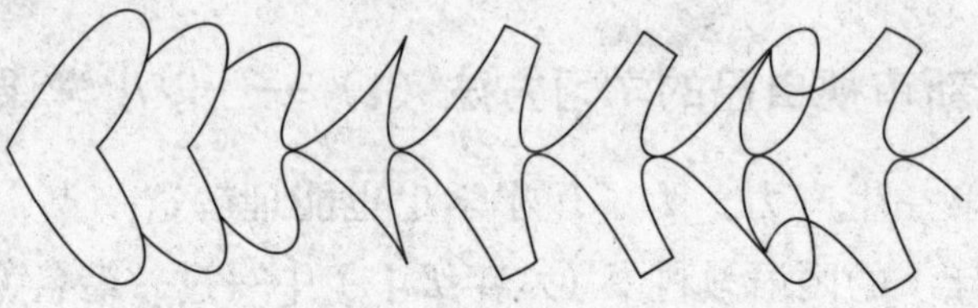

例 1 是按照 1+1=2, 1+2=3, 2+3=5……这样，前两个数字相加等于后面数字的方法来排列的。

例 2 的图形，如果把下半部分遮起来，可以看到一个手写的 Mirror，而下半部分正是它的镜面成像图形，这样我们很容易就记住它了。但是，要发现这样的结构是需要知识的，例 2 对于来参观学习的父母、老师来说没问题，但是小学生就看不懂了。

图 4—2　记忆实验素材案例

以此为基础，我在课堂上，作为演示实验，进行了使用数字、图形、文章的记忆实验和使用图画的传话游戏（图 4—2）。在我们的日常生活中，记忆能力是不可缺少的，我在黑板上写下了以下 3 种记忆方法。

①反复

②特别训练

③理解记忆

方法①是谁都知道的最一般的方法。方法②如电视上出现的珠心算[1]。方法③是我最想强调的。不用大量的反复记忆，也不用特别训练，只需利用知识，理解意思和结构，就能轻松记忆。为了将此方法活用到学习上，我还举出了一些社会科学和理科的例子。

只要使用我准备的素材（其实在大学课堂上用的也是同样的素材），

① 这个录像是我以前在传媒大学心理学课上使用的，我采访并记录了市内珠算补习特别班的课堂过程。录像中小学四年级的学生做 8 位珠心算，六年级的学生做 14 位珠心算。

就算不是专业的心理学家也能上好这堂课。而且这种教学对于孩子们来说也是非常有影响力的。例如，进行了两小时的教学后，有人写下了以下的感想。

> 今天的学习，传话游戏很有趣。因为无法用语言来好好传达，我就画了有趣的画，非常有意思。我深刻地体会到，只要发现了便于记忆的方法就可以很快的记住，非常厉害。另外，还有珠算，在脑子里真的能打算盘。我三年级的时候学过珠算。但是，我不会市川老师这种心算。我珠算是4级，心算是2级。市川老师是几级呢？（原文未改动）

这份感想表明我要传达的重点确实传达到了，但感想中的大部分内容是写珠算有多厉害、传话游戏中传达的图形变得越来越奇怪等这种表面现象。作为教学者来说，看到学生们愉快地享受着课堂的时候，自然很开心，不过，这并不代表教学者的意图传达到位了。以下的感想就是一个很典型的例子。

> 我在市川老师的课堂上觉得特别厉害的地方是，给我们看的电视上珠算顶级班的计算，我觉得太厉害了。六年级的学生，用心算竟然计算得这么流畅，真是了不起。觉得有趣的是，图画传话游戏。5个人用图画进行传话游戏，最后变成一个像小虫子一样的东西，真是有趣。市川老师上课太有趣，太棒了，希望您还能再来！（原文未改动）

再来此地对于我来说比较困难，所以在下午上课的时候，我做了一些补充。最重要的是“利用知识去理解就能更好的记忆”“为此，希望大家从平时开始用心积累正确的知识，熟练地使用这些知识”。虽然这与学习方法密切相关，不过小学六年级的学生很难仅仅通过课堂就能把握其中的含义。所以，我用板书写了以下内容，让孩子们做笔记，直接做了说明。

①如果错了就当是正中下怀

②比起死记硬背更应该理解记忆→又不容易忘记又能灵活运用

③不要只注重结果，过程中的做法、思考方法也很重要

④在自己的学习方法上下功夫

接下来，针对如何学习比较好，具体提出了以下实例。

①读书时，要看词语的解释和具体实例

②思考为什么错了，并记在笔记上

③把错的地方标出来，再重新做一遍→以此实现完善自己的知识体系

只可惜，这部分最终只被停留在了口头上，有多少能真正实行还不知道。这些内容不论哪一个，都是认知咨询指导中强调的内容，不过由于难以成形，所以日常的学习活动中老师要经常涉及一下并加以指导，这是非常重要的。

二、重新审视自己的学习方法（2）——以中学课堂为例

我在初、高中也曾进行过几次利用心理学的演示实验，重新审视学习方法的教学。我发现到了中学，对日常学习感到吃力的学生开始增多，学生们想改善学习方法的意识也越来越强。另外，由于学习内容的增多，就更容易举出具体的例子。不过，如果只是教师一方进行解释说明，学生就很难体会到它的有效性，不易付诸实践。我们在给东京大学教育学部附属中等教育学校的初中二年级的学生上课时，引入了一些体验性内容，试图唤起学生们对于学习方法的关注。下面是在 2003 年 7 月对 3 个班进行了 50 分钟的授课。

首先，把本章最初介绍的学生 K 的个别学习指导场景摘录出来，分发给大家。摘录内容截至到学生 K 回答出原来的问题，然后提问大家：“你们认为接下来这个老师会就学生 K 的学习方法给出怎样的指导呢？”让学生们写下自己的想法。根据之后收上来的答案，大概有三成与我们期望的答案相一致。课上，我就在黑板上写了以下两点。

①回归对定义的思考

学习过的词，意思很重要

只是死记硬背，结果容易忘，也不会运用

②边动手边思考

一边画图表、记笔记，一边思考

“以上这些是学生 K 的例子。针对自己的学习方法，你们应该也有很多没有注意到的问题吧。”特别是汉字、计算和英语单词，许多学生认为这三门只能一味地死记硬背，于是便陷入了只看结果、死记硬背、只求数量的学习方法之中。只是花费时间不去思考，不但没效果，也会让人失去学习积极性。在这次教学中，以“速算”和“集中记忆不擅长的单词”为例，先让学生们体验一种有速效性的方法。

速算测试的题是“动动脑筋马上就能解出来，试试看，2 分钟能算多少算多少”，出了“9 × 99”“1040 ÷ 2”这样的乘法和除法共 10 道题。仔细观察便会发现，即便是稍微动动脑筋就能心算的问题，学生们可能有一种自己不擅长的意识，马上就开始了笔算，结果不但花费时间，还出现了很多错误。像这样的孩子，在初中生、高中生中也并不少见。在这节课上，快的学生 40 秒就解答完了所有问题，但是三分之一的学生在 2 分钟之内做不完。把答案收上来后发现，做得慢的都是认认真真进行笔算的学生。随后，我在课堂上说明了如何轻松解决这些问题的方法，大家听完后似乎都觉得“如果这么算，我好像也能做完”。重要的是，从练习的时候开始，就要养成一种态度，即“思考一下有没有简单的方法之后再开始计算”。

“集中记忆不擅长的单词”是指，记英语单词的时候，自己给自己测试，把写错的单词标注记号，在这些单词上花时间进行集中记忆。在这次课上，我拿出了 20 个英语单词和它们的解释，“学习 1 分钟后，自己测试一下，看自己能不能说出意思，然后把不会的单词标注出来”，反复进行了 3 次这样的训练。在第二次循环中，着重记忆第一次标注的单词。如果还错，就再标注一次。第三次循环中，着重记忆标记了两次的单词。通过这种方法学完后，有很多学生表示，记住的单词量连自己都大吃一惊，而且成效很快。这天同样也进行了三次反复训练，训练结束后，告诉大家“现在来做一下测试吧”。并没有学生反对测试，我觉得这是因为他们有了十足的自信。确实，一共出了 5 道题，九成以上的学生全部答对。

三、课外学习方法讲座

说到要教学生学习方法，很多老师会提出“就连上课的时间都不够，哪里还有时间教方法呢”。对此，有两种解决办法。一种是在平时课堂中老师一有机会就引入关于学习方法的话题。实际上，有很多老师会通过练习和测验，指导学生们改正错题，或引导他们思考为什么做错并做笔记。还有很多老师会指导学生不要仅停留在答案上，还要写出解题的步骤，让学生们意识到这是一种有效的学习方法，并切身感受其带来的效果，从而促进学生们自发地使用这些方法，而这才仅仅是第一步。如果学生们只是想“虽然很麻烦，但因为老师说了，所以就得去做”的话，就无法形成自觉性。

另一种是利用课外学习的形式开展学习方法讲座。有不少学校在一周五天制之外，周六给学生上课，暑假给学生补习。在补习课上，老师应该不仅仅单纯地去为了补充课堂上没讲到的内容把教科书再仔细地教一遍，更应该将平常上课时没时间教的学习方法教给大家。在这里我向大家简单介绍一下，针对学习英语单词和数学两门课程，我所采用的方法。

2000 年暑假在东京大学附属中等教育学校举办了一场为期 4 天，每天 90 分钟的“探究学习英语单词的方法”讲座。该讲座以从初中三年级到高中二年级学生为对象，有 30 人左右参加。根据学生自身的单词量设置了两种单词集，学生可自行选择。这个讲座的主旨是体验各种学习英语单词的方法，同时针对此方法的心理学背景也做了说明。记忆英语单词的方法，大致可以分为两大类：一类是“对照搭配”学习法，英语和母语互相对照，反复记忆；一类是“精致化策略”学习法，主要着眼于英语单词之间的关系、语干等构成要素、文章中的上下文等。前者在心理学中称作行动理论，后者与认知理论非常契合。不过，这两类方法都有各自的优势与弊端，学生们最终能以适合自己的方式去熟练掌握这两类方法就可以。“集中记忆不擅长的单词”是使用“对照搭配学习”这种方法努力去记，如果仍有记不住的单词，可将其换成“精致化策略”学习法。

本书在第五章介绍的“学习研讨会”中有“通过教来学习”这一节。2001 年暑假，在东京大学教育学部的教室中开展了几堂“通过教来学习”，以东京都文京区的初中二年级学生为对象。我们将学生分成 3 个班，每班 30 个人。我负责的是 50 分钟 / 天的课，一共上了 4 天。我教授的是数学中的“排列组合”单元，教学目的是教授学生学习方法。这也是本书第三章中提到的“授课·启发思考并行的教学”的原型。准备好教材后，我先讲课，把应用公式的算法等简单地向学生们解释了一遍。不过，我对他们的要求不仅仅停留在能解决问题就行，而是要求他们制作出一套连小学生都能明白的解题方式。比如，可以一边使用图表或文章，一边制作“连小学生都懂的排列组合公式应用算法”。

很多学生在学校的课堂上只听一遍讲解，经常会有种似懂非懂的感觉。随后我采取的是小组之间互教互学的办法，通过相互指导，用连小学生都懂的表达方式进行解释。如果自己没有彻底搞清楚的话，是无法制作出连小学生都懂的说明的。不过，通过让学生们尝试着去讲解，他们就能搞懂自己没明白的地方。另外，这个方法还有一个优点，就是在互相学习的过程中，学生们的交流能力也会得到提高。我希望老师们在平时的教学中也能采用这种学习方法。

有的老师认为：“学生们自己去思考学习方法是理所当然的事，我们自己在初高中时也花了很多工夫去想学习方法，学生应该明白这一点。”还有的老师认为：“学习方法不应该是自己思考的事吗？”只可惜，对于现在的孩子，有很多诱惑使得他们并不关注学习。他们只会花费一点时间，做一些形式上的东西，然后就去做下一个更有趣的事情，并不会下太多的功夫去探究学习方法。我认为有必要让他们切身感受到，在学习方法上稍微下一点功夫，就会有不一样的效果。当然，这些说到底都只是在抛砖引玉，最终还是需要自己下功夫去改善学习方法。

第三节 支持教学的家庭学习

一、老师眼里的家庭学习——预习·复习·作业

如第一章所述，习得循环学习里的学习流程有“预习·上课·复习”。有人可能认为这是理所当然的。可是最近的中小学校，好像几乎没有老师提出“最好提前预习一下”的要求。最近，就连作为复习的作业，都不怎么布置了。询问情况后才知道，有些老师会提出“家庭学习在教师的责任范围之外”“在课堂上完成教学是教师的职责，不能说没完成，就把它留给学生”等意见。我暂且不谈对这些意见赞成与否，在此，向大家介绍一下，我在2002年以算数·数学为中心，针对预习·复习·作业进行的简单的问卷调查。

首先是针对预习所提的问题：“对于学生通过阅读教科书来预习这一做法，您是怎么看的？”选项有“1. 我认为一定要这样做”“2. 我认为这样做比较好，但并不是必须这样做”“3. 我认为没有必要这样做”“4. 最好不要这样做”。选项4的意思是，“预习，最好不要提前阅读教科书”。结果如图表4—3所示。

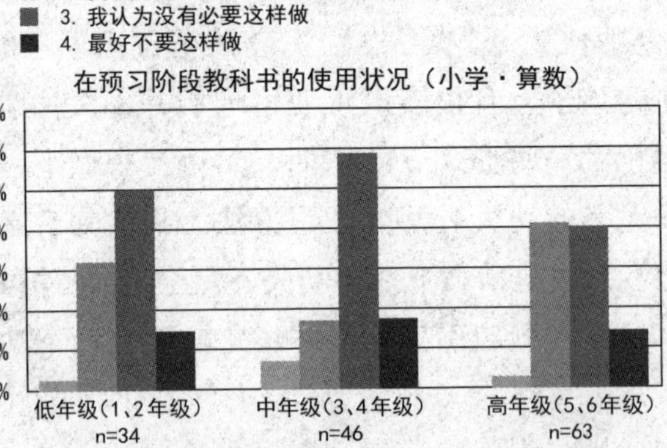

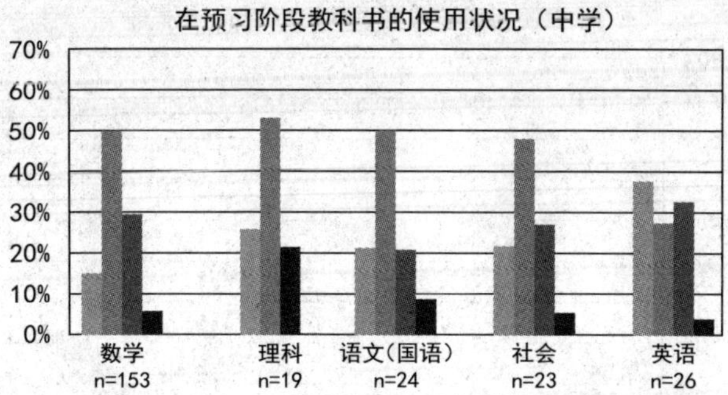

图 4—3　老师们针对预习问题的回答（n 表示回答人数）

对于小学算数这一学科，几乎没有人选择“一定要这样做”，一小部分人选择了“这样做比较好，但并不是必须这样做”，大部分人选择了“认为没有必要这样做”，也有几位选择了“最好不要这样做”。到了中学，根据科目的不同结果不尽相同。因为这次调查重点在数学上，所以其他科目的调查人数较少，仅供参考。大部分数学和理科老师都选择“没有必要这样做”。还有很多老师认为“理科的话，最好不要提前阅读教科书”。

针对“对于学生在复习时阅读教科书这一做法，您是怎么看的”这一问题，有很多老师回答“这样做比较好”。（图 4—4）。也有一些人选择了“不是必须这样做”，不过和预习相比，很多老师认为复习的时候，最好还是要读一读教科书。

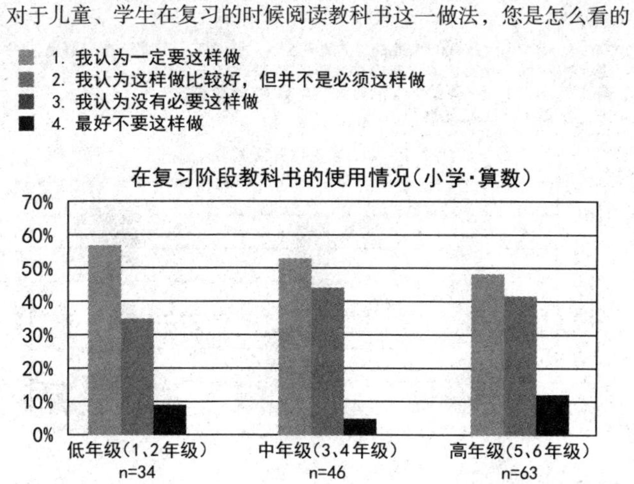

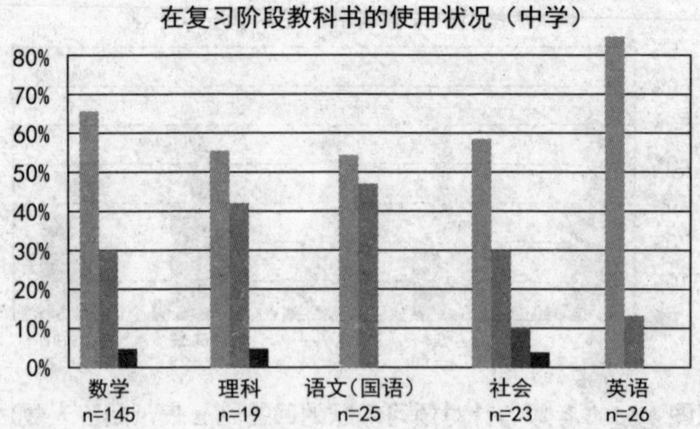

图 4—4　老师们针对复习问题的回答（n 表示回答人数）

图 4—5 是针对“给学生布置多少作业”这一问题得出的回答结果。在小学，因为一个老师要负责很多不同学科，所以问题设为“整体来看您平均一天布置多少作业”。在中学，每个科目都有负责的老师，问题便设为“您所负责的科目一般布置多少作业”。好像最近学校的作业少了很多，因为老师们希望，即使不布置作业，学生们也能自觉地在家学习。但其实孩子们是如何做的呢？整体的倾向是孩子们在家里学习的时间越来越少。在国际比较调查中，日本的孩子已经沦为发达国家中学习时间最少的国家。与此同时，孩子们在看电视、打游戏上花费的时间却是全世界数一数二的。

给儿童、学生布置多少作业呢

（若您是小学老师，请您把所有的学科作为整体进行考量）

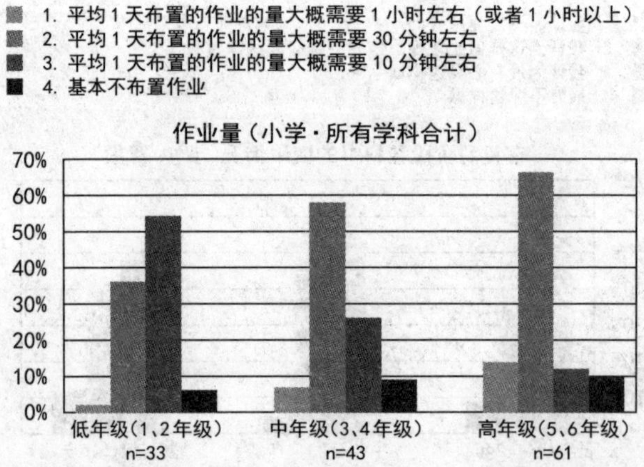

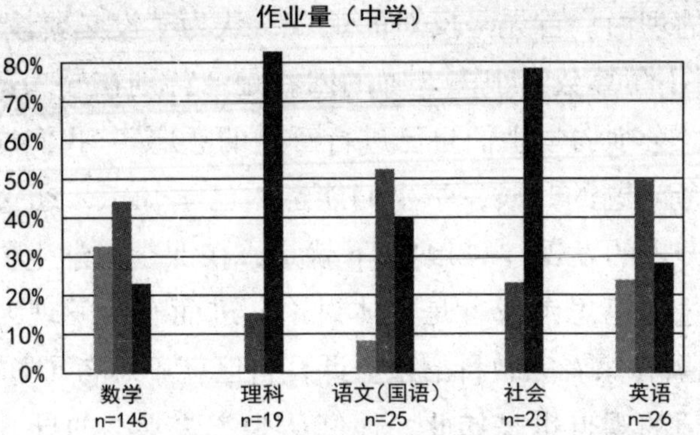

图 4—5　老师们针对作业问题的回答（n 表示回答人数）

确实，我们想要培养的是即使不布置作业也能自觉在家学习的孩子。但是我认为，为了实现这一点，最开始的阶段还是布置作业比较好。所谓的“不布置作业，孩子们才能学会自觉学习”的观点在我看来是混淆了目标和过程，或者说是混淆了理想和它的实现方法。如果不布置作业，实际上会有很多孩子不清楚学什么、怎么学，也无法养成在家学习的习惯，更无法掌握相关技能。初中生在考试之前虽然多少还是会学习的，但是花了很多时间，却拿不到好成绩。最终他们会觉得“我是不是脑子太笨了”“我是不是不适合学习”，从而丧失了学习积极性。上述这些是我在学习谈话中经常碰到的情况。所以，我认为应该通过布置作业让他们掌握在家里学习的方法，从而逐渐养成自己制订计划，最终能够达到自主学习的目的①。

二、针对是否预习，老师给出的理由

针对是否有必要通过阅读教科书来进行预习，老师们所持观点各不相同，有的赞成，有的反对。我们一起看看问卷调查中老师们给出

---

① 虽然这次调查中没有这样的回答，但经常听到对留作业持否定态度的老师提出以下原因。如有的老师表示“如果留作业，我就得确认学生是否做了，可是我太忙了根本顾不上”“因为有的孩子受家庭环境的影响不能好好地完成作业，所以学生之间会产生差别”“特别是像暑假这样时间很长的假期，应该让孩子回归自然，而不应该被学校的学习所束缚”。总之这些都是应该考虑的问题，但我并不认为这些理由可以成为老师不留作业的完美的解释。在这里我们无法讨论所有内容，但是我希望能看到读者们的议论。还有的老师提出“因为孩子们还要学习技艺（或去补习班），有的还有社团活动，很忙，给他们布置作业就太可怜了”，这就难怪其他老师要强烈反对，高喊“这是本末倒置啊”。

赞成或反对的理由。首先是反对的观点，认为“没必要读”“不读反而更好”。对于小学算数，很多老师的回答是“特别在导入部分，如果提前预习的话，会削弱学生们自己进行解题的意愿”“我们应该重视在导入部分，思考问题的时候，学生们能运用已学知识，通过自己思考或集体讨论所产生的发现”。归纳一下就是，在课堂上学生们首先遇到问题，然后通过自己思考或者是集体讨论，进而有所发现，这是最理想的。“学生如果在家看完教科书来上课，自己就不思考了”。

初中老师的观点也是如此，他们认为“课堂上的导入部分，是为了给学生带来新鲜感，所以学生还是不预习比较好（数学）”“我认为这也是本科目的特点之一吧，我希望学生通过课堂获得新的发现，切身感受到数学之美，还是不做预习比较好（数学）”“因为理科基本上是先实验，然后再去确认事实，所以不预习也没关系。否则，实验的新鲜感就会被减弱（理科）”“读者应该关注第一次阅读文章（特别是文学作品）所留下的新鲜感（语文）”。提前看教科书的话，就没有了惊喜，新鲜感也会被减弱[①]。

根据调查结果显示，老师们认为没有必要阅读教科书的理由大多集中在上述这几点，不过也有老师认为“从没想过将教科书作为预习资料来用（小学算数）”“因为固有想法（小学算数）”“还是让学生把精力集中在课堂上，在上课期间完成所有的学习（高中古文）比较好”等回答。也有老师认为英语也不需要预习，我对此感到非常意外，他们

① 在这样的回答中，出现了老师经常说的“要从学科的特点出发”（需要注意的是，即使相同的学科也会出现对预习持赞成和反对的两种意见）。针对大家都倾向由于预习会有损学生们的“自己解决能力”或“新鲜感”这一问题，本书以算数·数学为例，进行讨论。而针对具有同样认知倾向的理科，《初等理科教育》一书在2003年12月号里专门编辑了专刊《预习和理科学习》。除了笔者的采访并报道的《现在为什么要预习》一文之外，该期刊还登载了下面的论文。

镝木良夫《围绕〈预习和理科学习〉的实践性课题》

紺野高裕《以能加强探索，唤起学习积极性的〈预习〉为目标》—6年—《通过〈生物生存环境〉的实践》

田井德彦《探究预习的三个方向—4年—通过〈月亮和星星〉〈物体的体积和温度〉的实践》

在这些论文里也提到了预习不应该局限于“读教科书”，并且还表示预习不仅能促进学生们的理解，还可以让学生提高对课堂的期待感。我们首先要知道“之所以让学生们通过阅读教科书来预习，是因为无论授课方式多好，也不可能让学生听一次就明白所有内容”。正如大家在本书中读到的那样，在这一点上我和赞成预习的老师们的意见基本相同。在第43次日本初等理科教育研究会全国大会草加大会（2003年11月）上，塚田昭一和鏑木良夫以“解决问题和学力—导入优先学习·说明活动模式”为题提出了提案，在寄给《初等理科教育》2004年2月号的期刊中也能看到该提案的强烈影响。

的回答是“因为语言是通过音声先进入大脑的，所以用文字来确认应该属于下一个阶段”。这些老师认为学生不应该事先在家里读教科书，而应该在课堂上，从听力开始先用耳朵去听。

与此相对，也有老师对预习持赞同意见。例如，有些老师表示“我认为课前先读一下教科书上的问题，提前思考是很重要的，而且这样一来，课堂上学生们就是第二次看教科书，已明白的地方可以加深理解，不明白的地方可以在课堂上解决（小学算数）”“三分之一的学生会先看一眼教科书再来上课，有意识地去解决问题（小学算数）”。另外还有初中老师认为，“如果学生们不提前预习，让他们在课上解决问题的时候，大多数情况他们只会装出一副已经理解的样子，但实际上却没有真正理解（数学）”。

对于语文、社会等学科，很多老师们认为“虽然要根据内容来看，不过在一定程度上提前看一眼要学习的内容，会对理解内容有所帮助（初中语文）”“通过阅读教科书，会对学习内容产生兴趣。阅读后在脑海中描绘出学习内容的整体图像，能够更好地理解课堂上的知识（高中史地）”等。另外还有的老师希望在预习阶段，学生能自己思考英文的意思，在此基础上，再到在课堂上注意听老师讲解，所以指出“由于课程的特点，特别是二、三年级的学生，如果不提前预习，理解程度会降低，教学会很难进行下去（初中英语）”“因为首先需要学生们自己思考（高中英语）”。不过当针对学生实际预习的情况询问老师们时，却常常听到“几乎没有提前预习的学生”“学生在补习班学过后，在课堂上反而不认真听课了”这样的声音。

三、预习的重要性在哪里——“似懂非懂”的重要性

认为预习没有必要的老师会在脑海中将学生不预习的状态理想化，他们认为学生不预习，会带着新鲜感进入课堂，遇到问题，靠自己思考或者全班一起讨论，通过推敲琢磨，最后会体验到“明白了”那一刹那的喜悦与感动。可现实却并没有这么理想，特别是随着学生年级的上升。在这一点上，我认为赞同预习的老师的意见是从实际出发，是

谦虚的意见。听不懂课的孩子会来学习咨询室进行询问，当问那些成绩中等，不是很差的初中生“上课怎么样，听得懂吗”的时候，很多人回答“完全听不懂，整个课堂就是老师和优等生的舞台，自己就像是在听天书似的，就在这种听不懂的状态下被甩在了后面”。

大家经常说的“七五三”，是指有七成的高中生、五成的初中生、三成的小学生，他们上课是听不懂的。我认为该数字是符合实际情况的。而对这样的学生说“你们不用预习，只要认真听老师讲课就能明白”是很残酷的。在学习咨询室我推荐学生们这样做，“为了能够快乐地上好 50 分钟的课，预习时间哪怕只有 5 分钟也可以”。如果实际状况就是“听不懂”，就一定要先采取自卫手段。大家至少看看要学的是教科书的哪一部分，把握大概的内容，然后带着疑问来上课，这一点非常重要①。

虽然有人会反驳“学生预习的时候，即使看了教科书，也不可能全明白”，这是当然的。学生预习并不是为了搞明白全部的内容。也正是因为不能完全弄明白才要上课。到了初、高中，学习的内容很难，学生们在预习的时候基本都处于“似懂非懂”的状态。不过，为了完全搞懂它，大家有必要经历“似懂非懂”这一重要环节。只有通过这个环节，学生们才会产生大致的理解框架、疑问点，以及想弄清楚疑问点的求知欲。课堂正是消除这些疑问点，实际体验教材内容的地方。可现在的状况是学生们在课堂上听得似懂非懂，然后去补习班，或者来学习咨询室之后才能搞懂。大家不应该感慨终于在学习咨询室这里搞懂了疑问点，而应感动于能在课堂上搞清楚所有问题，这不也正是老师们的心愿吗？如此一来，显而易见，提前预习是一件好事。

不过，即使老师们督促预习，大多数孩子也不一定会提前预习。即使老师布置了很多预习作业，如果负担太大，学生们通常也不去做。还有许多学生不懂得预习的方法。目前我认为，老师们可以尝试在课堂的最初 5 分钟设置一个“预习时间”。在预习时间内学生们

---

① 学习之前进行准备性学习的有效性，它的认知心理学依据是 1960 年奥苏伯尔（D.P.Ausubel）提出的“先行组织者”。我们平时在新闻的导语，论文的摘要，书前言的地方会写出大致框架，这种结构会帮助读者理解或记忆。如果原文中没有这一部分，就可以采用粗略通读一遍全文，抓住论点后再详细读一遍的方法。那么第一遍的通读就可称之为预习。

要做的基本上是通读一遍教科书，看看有什么地方不明白。有的老师会担心“学生们读了教科书不就已经明白了吗”。不过，进入初中后，很多学生其实无法单纯通过阅读教科书就能明白。阅读完教科书后反而会出现各种各样疑问点，即使想弄明白，也处于似懂非懂的状态。

首先，让学生们把不懂的地方写在类似疑问卡的纸上。然后，老师正式开始讲课。此时老师绝对不能说“因为这里已经预习过了，所以这一部分的内容我们就不做过多解释了”。重要的一点是“因为学生们要学习的内容很难，所以要让他们提前预习，然后上课听讲”。如果在听讲的过程中，学生们能弄懂不明白的地方当然好，剩下的疑问就可以通过小组讨论来解决。如果小组讨论仍不能解决，就可以提出来进行全班讨论，最后再由老师进行仔细解释说明。通过这样的过程，我们尽量让所有人都能理解教科书上的内容。然后在此基础上，准备一些教科书上没有的数学问题、理科实验等，从而来追求“课堂新鲜感”，提高“自我解题能力”，促进“集体讨论推敲”。这就是“活用教材，又高于教材”。

大家会觉得“这种教学模式好像在哪儿听过”。其实这和第三章提到的“授课·启发思考并行”的教学方式是一模一样的。预习，正是通过学生自己阅读教科书来完成“授课·启发思考并行的教学”中的“授课”部分。只是，刚开始进行预习的孩子并不多，而且也不知道它的效果。所以课上最初的 5 分钟“预习时间”就是为此而设置的过渡。随后，让学生们在课堂上的5分钟预习，逐渐转移到在家完成。这样，就会使学生距离自主学习更近一步了①。

① 顺便说一下，我从 3 年前就开始在大学的课堂上实施了“预习报告制度”的教育模式。每次上课之前都要求学生们预习课本，把每一章中的疑点或意见作为预习报告交给我。然后以此为材料在课上进行解说或讨论。学期一开始学生们听到这些后认为这是负担，但半个学期结束后，九成以上的学生对这种方法给予了很好的评价。

第五章　充实课外学习支援

在前一章里，着重围绕习得循环型学习，强调掌握自主学习技能的重要性。这一点当然也适用于探究循环型学习。教育的基本主题是让学生既重视课堂，又能够掌握自己进行循环学习的自学能力。

不过，对学生们来说完全靠自己完成循环学习并非易事。在学习过程中，除了上课听课之外，还需要学习者们能利用有效的资源，包括参考书、问题集、书籍、影像资料、CD-ROM教材、互联网上的学习软件等等。另外还包括言传身教的家长，可以互相学习的朋友等这些人力资源，我们称之为“人力软件”。

作为将这些资源进一步制度化整合的例子，本章将着重介绍学生们在学习上遇到困难时可以寻求帮助的学习咨询系统，以及大学和地区为丰富学习提供的教育项目。

第一节　充实学习咨询体系

一、开展学习咨询室

在第四章中也提过，1989 年我们开始了一种叫作认知咨询指导的学习咨询活动。当时，我们在东京都大田区和目黑区的区报上做了宣传，活动在东京工业大学教育心理学研究室展开，集中在暑假时招募了许多学生。在此之前，我几乎没有机会直接和儿童或中小学生接触。成为大学的研究人员后，平时更少有机会和孩子们接触了。为了从事学习和教育研究工作，我希望能够有机会直接和孩子们接触，因此，我在大学设立了地区学习咨询室。

之后，我于 1994 年调职到东京大学，在东大我也开设了这个学习咨询室，并坚持每月一次的案例探讨会。从那时候开始有很多老师也来参加，现在他们的人数占了整个研究会人数的一半以上。虽然是只有 40 人的研究会，但是有小学、初中、高中以及不同类型的学校、不同学科的老师来参会。另外，好几个大学也举办了以大学生为对象的“认知咨询指导 · 研讨会”课程。在这里，大学生给周围的人做认知咨询指导，并在研讨会上做案例报告。很多人利用家教的经历，为大家讲述自己使用什么样的教学方法，在大家共同商讨的基础上，制作成一本最终的报告集。现在报告集已将近 20 本，收录的案例达到了 300 件。

从 2000 年开始，研究会的成员们开始提议在学校开设学习咨询室，我也开始在这方面协助大家工作。就像是“学习版的保健室”那样，主旨是学生们在学习上遇到困难时，可以放心大胆地来学习咨询室寻求帮助。我自己是从东大附属中等教育学校和埼玉县草加市公立中学的学习咨询员做起的。选任谁来担任咨询员，每个学校都有自己的处理方式。有的地方选择了我研究室里的研究生，有的地方是学校的老师和自愿做这项工作的家长共同担任。将来，不仅仅是在学校，如果能在教育中心、图书馆、儿童馆等地方也配置学习咨询员就更好了。

二、教师有组织地开展学习咨询——以入新井第一小学为实例

在此，我想为大家介绍一个在小学里有组织地开展学习咨询的实例——大田区立入新井第一小学的学习咨询。入新井第一小学被称为是提高学力的前沿学校，学校开展了按学生水平分班教学、小班教学、团队教学等多种教学模式，并设置了教师组织，学习咨询室。该咨询室作为支援学习体系中的一环从 2003 年开始实施。表 5—1 总结了其实施以来的情况。图 5—1 是老师与学生实际对话的记录。咨询的结果会依图 5—2 那样，在讨论会上向大家汇报，然后大家共同讨论。而我研究室主要以研究生们参与案例讨论会的方式跟进。

表 5—1　入新井第一小学学习咨询的实施

（2003 年度公开研讨会资料）

		本校的办法
时间	• 每月实施两次（放学后） • 在长假和个人面谈期间也实施	为了确保咨询日，在长假中实施主要的会议。
地点	• 基本上是一间教室一个咨询	
人物	• 高年级以学习咨询成员和少数负责教师为中心 • 中等年级由班主任和家长学习志愿者协助教授补习内容 • 低年级由班主任教授补习内容	把教师分为研究推进委员，生活指导委员，学习咨询委员三种，确保能够咨询的人员。
实施方式	• 每隔一个月招收想咨询的孩子（把想咨询的内容写在“学习卡”上） • 确定预约后，分配负责人 • 由班主任获取希望咨询的孩子的学习情况 • 进行咨询后，孩子要写“反馈记录” • 相关负责的教师需写“个人病历（想继续咨询的内容）” • 为了改善指导方法，研讨会每学期至少要召开一次事例讨论会	尽量保证同一个教师来负责并能继续指导。实在不行时，利用“个人病历”进行指导。

T：今天是来咨询什么呢？

C：我不明白比例问题……

> 要求自我判断

T：什么地方不明白？

C：因为2个数总在变化，所以不知道求数值的时候给出固定数值时另一个数究竟是怎么变来的。

> 在课堂上以为明白了，其实并没有真正理解。难以表述。

T：比例是什么？试着像教你弟弟一样教一下。

> 教给假想的一个人

C：……太难了，不知道。

T：那么，书上是怎么写的呢？

C：书？

> 没有仔细阅读过课本，教科书其实很方便。

T：是啊，找一找书上在哪儿写的。

C：（翻书寻找，却不知道在哪儿。）

> 学习方法的指导
> • 不明白的时候回到定义

T：在这方框圈着的地方写着呢。读读看。

C：（如果○是2倍，3倍……的话，伴随着○，□也是2倍，3倍……。那么就称……□和○成正比。）嗯……

T：算数中把○和□是这种关系的时候，称为“比例”。（手指着书中的例题表）这两个数是随便变化的吗？

C：不是。（边用手指着表）如果时间增加2倍，3倍，那么水的深度也增加2倍，3倍……。嗯，真的是这样啊！

图5—1　学习咨询的情况（入新井第一小学2003年度公开研讨会资料）

T：在表上我们可以先用箭头记上。然后我们试着做一下不会的题吧。

C：（边在练习题表中直接画上箭头，写上 ×2，×3）这里是3倍……，所以三三得九。

—咨询者兴高采烈地解题，不断地发出“明白了”。

T：这回是应用题，试着做一下啊？

C：好。但是，能画表吗？

T：可以。

—咨询者一边在笔记本上画着表和箭头，一边把以前不会做的题全都做完，然后对答案。全部正确了，脸上露出了满意的笑容。

T：为什么刚才不会呢？

C：比例这个词的意思没明白。而且，没有想到画图表的方式。

T：今天所学的内容里，你认为最重要的是什么？

C：不明白的时候，要去看书。而且，用表格进行思考会更容易理解……

T：好，那把这一点写到笔记本上吧。

C：好。（写在本上，然后用红笔圈上。）

学习方法的指导
- 帮助思考的工具（例：箭头，×2，×3 等）
- 用图或表格表示的好处（试着结构化）
- 之后能回顾一遍，是一种理解后保存思考过程及重点的写法。

利用图表

如果使用图或表格进行思考的话，很容易找到比较好的思考方法。

找到教训

- 如果忘记了意思或不会做了，可以查看教科书或笔记。
- 按着自己思考的这个重点去试着解决其他问题。

学习咨询室的目的是：

①通过咨询搞清楚学生在学习上遇到的困难

②帮助学生成为独立的学习者

③分析学生的困难，改善教学

一直以来的认知咨询活动也强调①和②，在学校如果是以教师为中心实施的话，那么③也是一个重点。

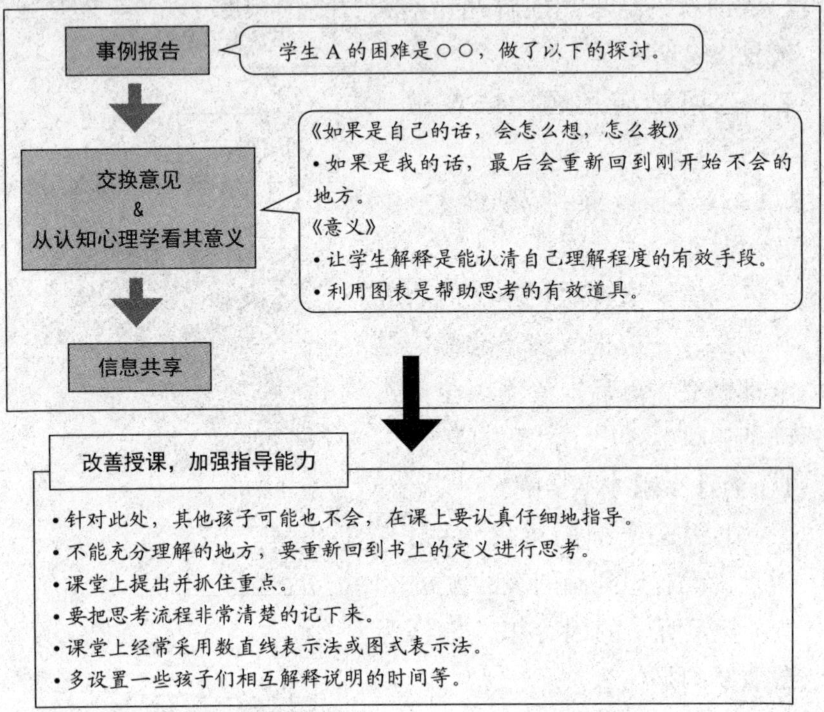

图 5-2　入新井第一小学校的事例研讨会

学习咨询室的意义不仅仅是为来到这里的学生提供学习帮助服务，更重要的是它给了我们重新审视日常教学中学习指导方法的机会。

在第四章也提到过，在进行像认知咨询指导这种个别学习指导时，我们能够仔细观察学习者解决问题的全过程。另外，通过加入判断性提问，或是要求学习者进行说明，能够更加细致地观察到他们的理解状态。还能让他们谈一谈在家时的学习状态。实际进行过学习咨询的老师常常会惊讶地发现，有时学生们基础性知识不会，并未理解在课堂上已经讲过的内容。其实即使是小班教学，老师也很难通过平时课上和学生们的互动或巡视细致地照顾到每一个学生。测验时，老师了解到的情况也仅仅体现在纸上的一个答案，很难把握学生的思维方式和解题过程。通过个别谈话突显的问题，可以帮助改善教学质量，对学校整体的提升具有重要意义。

三、如何充分利用放学后的个别学习指导

教育行政部门安排大学生到学校进行课后辅导。如大阪府从 2002 年开始，联合师范大学，以“支援学习”为出发点，率先开展了安排大学生进行课后个别学习指导的计划。自 2003 年起，国家对于课后学习指导项目进行了财政支持。其基本形式是各省县的大学与教育委员会建立合作关系，安排师范专业的大学生到各个有需求的中小学。虽然支付给这些大学生的酬劳并不高，但由于可以算作他们在大学所修的学分，所以有很多大学生报名[①]。

这些制度才刚刚起步，开展规模还比较小。在大阪府举办的研讨会上，我们听取了大学、学校、学生各方面的意见后，了解到这是一个非常有意义的方法。这一方法对于大学而言，能够让目前为止只有在教育实习时才能去学校实践的学生了解到学校的日常生活，让他们与孩子相接触；对于学校而言，平日里老师们业务繁忙，开展个别指导心有余而力不足，大学生的到来能让这一项目顺利进行；对于那些将来立志成为老师的学生而言，他们能够更加了解学校并可以获得与孩子们相处的经验。

那么，接受个别辅导的学生们又是怎么想的呢？也许有人会担心，“还没有拿到教师资格证的大学生能教好孩子吗”。但根据我在学习咨询室和认知咨询指导研讨会看到的情况来看，可以举出以下几点好处：第一，一对一的个别指导，不论是对于教授者还是对于学习者都非常有益；第二，即便是指导技术还不够成熟的大学生，也常常能让学生觉

① 文部科学省提出从 2004 年开始将通过提高学力支援的方式进一步扩大课后学习个人指导制度。如果只派遣师范专业的大学生，就会只局限于那个大学附近的学校，所以也可以派遣退休教师和地区人才。

得“比上课好理解”；第三，未受过教职训练的大学生作为“兼职的家庭教师”也可以相应地取得一定的成果，长此以往他们能够更坚实地扎根于社会当中。

不过，也存在着相应的问题。因为没有接受过训练，所以个人之间的差距非常大，即便是学习很好的学生，也会出现教得不好的情况，且由于是个别指导，没有第三者来检查教学情况。此外，即使是有教学天赋的学生，如果仅仅把这项工作当作兼职来做的话，能力也不会有多大的提升。所以重要的是，要针对个别学习指导老师进行一定程度的教学训练并以案例报告为基础指导他们。首先，教这些学生的大学指导教师要开展这项工作，如果将其作为课程的一个环节且算作学生学分的话，他们肯定希望自己的学生去做，同时作为大学的教员，他们也会很感兴趣地去听取学生的报告。

其次，负责实施这一活动的教育委员会，如果能开展由指导主管牵头、对个别学习指导老师进行教学培训也是不错的选择。这一制度的实施须投入一定的预算，而且毋庸置疑，此项制度能否发挥其教育效果是与个别学习指导老师的质量密切相关的。此外，对于将要成为下一代教员的大学生指导老师，提升他们的指导能力也意味着提高他们将来成为教员时的教学质量，这对于教育委员会而言也应该是一个重要课题。

最后，希望学校的老师在听取了学生们做的报告后，能给学生们一些建议。同时也希望老师们能通过学生们反映的情况来发现教学上存在的问题。正如入新井第一小学的学习咨询室，在实践中他们发现每个孩子学习的难关都照亮着改善教学之路。

第二节　将大学作为地区的学习资源

一、“教育精简”和大学的角色

20世纪90年代中期，一周五天上学制被部分学校采纳，大家开始议论应该重新审视教育被过度集中在学校这一问题，推进家庭和地区合作、共同分担教育责任。在欧美各国，各地区的教会、YMCA/YWCA、体育俱乐部、志愿者活动团体等都发挥了极大的教育机能，然而，在日本包括传统典礼、社团活动等都是学校包办，老师们忙得团团转。

此前，确实存在图书馆、儿童馆等行政部门提供的设施。不过，在完全实施一周五天制的时代，必然需要更多多样化的地区教育项目。对此我们首先想到的就是企业、研究所、大学等机构。这些机构都有非常完善的设备且拥有具备专业知识的职员，对孩子而言它们是有巨大吸引力的学习资源。

特别是在大学，有着“学生”这一强有力的“职员”。在他们当中，有的立志成为教育研究者，有的希望成为教师，还有的单纯喜欢孩子。他们在大学期间，在直接接触孩子们的同时也能有机会思考教育，其意义非凡。

这样看来，大学作为地区开放的学习资源，不论是从设备上，还是从人员上来看，都可以说是十分合适的地方。因此在考虑“提高学力”这一问题时，我希望将大学也列入这个圈子中来。

二、寻求与地区有关联的大学

不过，上述方式也存在一些问题。大学里许多教员和学生本来就不是教育方面的专家，而且他们也都有自己的研究和学业，所以分给孩子们的指导时间十分有限。至少从目前来看，大多数情况下，热心的师生们能做到的只有利用空余时间去担任志愿者讲师，或是开展帮助学习活动。

其中，只有拥有教育学系的大学情况有些许不同，可以说他们具备了得天独厚的有利条件，因为他们拥有大量研究儿童教育的教师和学生。他们在选择毕业论文的题目时也不单是从文献中寻找问题，而是植根于自己的亲身实践。另外，对于将来立志做老师的学生而言，可以借此机会和孩子们接触，能重新审视自己的思维方式以及重新思考自己是否适合当老师。

文部科学省以“将来立志从事教育工作的学生，应该尽早和孩子们接触，培养作为教师的基本指导能力”为目的，正在实施从 1997 年开始的、以师范大学本科生为对象的友谊事业。这是大学教师和大学生以地区的孩子为对象策划、运营、实施的教育项目。通过网页检索发现，很多的师范教育学院都在实施这项事业，其中包含了科学教室、制作机器人、自然体验、美术教室等非常丰富多彩的项目。

从研究的角度来看，作为教育研究的一环，大学有着“非常希望能够提供这种活动”的需求；地区也有自己的需求，他们希望获得此前在学校或是其他机构也很难得到的学习场所。我们作为“认知咨询指导”进行的实践性研究活动也是其需求之一。我认为，从“促进学习者自立”这一视角来开展的个别学习咨询·指导，和所谓的补习班或是家庭教师有着非常不一样的内涵。即使有进行这种指导的补习班，也一定需要支付相当的报酬。正因为大学作为研究机构，有其相应的研究目的，所以才能无偿提供该项指导。

三、源于教育心理学的实践研究型研究法

在我所属的教育心理学领域，传统上主流的研究方法是以实验或调查等方式，站在第三者的立场客观地进行研究。另外，在进行教育实践研究时，几乎都是研究者走访学校等教育机构，进行观察或分析各种各样的现象。与此相对，也有作为主体性实践者的研究方法，在自己策划、制订并实施课程方案的同时，提出新的教育环境。在本章中，我想为大家介绍我们研究室以前实施的两个项目。

一个是学习研讨组。它与学校的授课内容和形式都很相似。暑假期

间，我们在东京都文京区公开招聘初中二年级学生，组成几个班级，每班30人，开展了为期数日的教研活动。由我或者研究生授课，2001年在我数学课上教授的是“通过教别人来学习”这种与学习方法相关的内容（在第四章第二节已说明），其他课程皆由研究生讲授。我们在各自的指导方法上下足了功夫，检验其效果，并将结果运用于自己的研究。

顺便提一句，在2001年到2002年的学习研讨活动中，研究生的授课内容，是以下面五个研究课题为基础开展的。

- 语文：语文学习方法指导及作文评价体系的构成
- 社会：历史课上通过导入影像教材和测验来巩固知识
- 数学：将利用图表解决数学问题的教学方法常态化
- 理科：加入定向思考及讨论活动的实验·观察学习
- 英语：着眼于现在完成时本质内涵的教学

另一个是在我们研究室一直实施的项目，寓教于乐研讨组。其主旨是“通过游戏学习”“游戏升华学习”。开展以通过电脑等媒体手段进行创作为中心的项目。1997年举办了第一期“制作搭配英文歌曲的幻灯片”的活动，在《向着开放式学习出发——21世纪学校的作用》一书中也介绍过[①]。在使用电脑开展了为期一年的活动后，1999年的第二期开展了以“梦想的工作”为主题的学习活动。针对“游戏开发师”“美容师”“兽医”等趣味盎然的工作，从小学三年级学生到高中一年级学生都去查找资料，外出采访，并使用PPT软件进行发表。

现在，在“综合学习时间”里常常开展这种活动，但在学校也有实施起来很难的地方，如把各个年龄层的孩子们聚集起来，又要和大学生接触，又要去各种各样的职场采访。另外，因为我们是作为研究活动的一环进行的，所以我们通过分析孩子们的制作过程或研究人员的作用，来讨论实施这种主题学习时的必要条件、得到的效果、产生的问题[②]。

---

① 详细的内容登载在下面的论文里。
市川伸一，岩男卓实，古池若葉，村井潤一郎著，《综合创作活动中媒体和交流的作用——融合英语歌和CG制作的教育实践》（《电脑和教育》，Vol3，1997，P77～87）。
② 详细的内容登载在下面的论文里。
植木理惠，清河幸子，岩男卓实，市川伸一著，《主题学习中的自我支配活动的支援——从地区实践活动开始》（《教育心理学研究》Vol50，2002，P92～102）。

利用大学作为地区学习资源的同时，也能让教育研究者拥有开展实验性教育实践的场所，我们期待在这里研究者通过与孩子们的实际接触，通过按照自己的教育理念或理论进行的教育与实际之间的相互碰撞，能够产生新的想法，提出新的研究。在大学继续展开这个新的研究[①]。我认为通过这样的活动，学校与地区也能够通力合作。

---

① 此处所介绍的在大学里的实践研究型研究在鹿毛雅治（编）《教育心理学的新形式》（诚信书房，计划 2004 年 6 月刊发行）一书的论文中有详细说明。

植木理惠，市川伸一著，《把大学作为地区学习的资源——研究者计划，实施的实践型研究》。

第三节　在地区培养生存力

一、“生存力战略研究会”之论点

关于在第一章中介绍的“生存力”问题，我想放到本书最后进行探讨。产业界的委员和嘉宾认为年轻的新入职公司职员的基础学力下降已经是既定的事实。所以，他们希望学校能好好地指导学生。但并不是说取消“综合学习时间”来一味地加强课程学习。相反，他们认为综合学习是加强就业意识，提升实践交流能力的良机。谈到“生存力”，人们就会想到是追求能够熟练解决现实生活中问题的那种强韧的力量。

另一方面，厚生劳动省现苦于200万自由职业者问题。这些自由职业者年轻的时候，马马虎虎能维持生计，父母身体也都健康，自己也能做点应手的工作。但是，如果他们不掌握一定的职业技能，到30岁左右生活将会步履维艰，雇佣方便会雇佣价钱更便宜的年轻人。如果就这么下去的话，事情会变得很难办。我们应该意识到，在社会这个大家庭中，尽职尽责的完成自己的工作这份信念也正在悄然而逝。

如果在教育网站上使用“生存力”这个词，可能会让人以为它是指一种社会能力，道德心和情操等。当年文部科学省大臣遠山敦子也强调了要“提高切实的学力”和“培养丰富的心灵”这两个口号。教育界本就不认同根据产业界的要求将业务能手培养为人才这一想法，所以到现在也没有形成统一步调。不过，最近文部科学省也逐渐承认了职业教育的重要性，出现了超越高尚理论和突破空想主义范围的现象。

在生存力战略研究会上，意见统一程度远远超出我的想象。研究会上明确提出：为了让年轻人带有更多的梦想和积极性步入社会，学校、家庭、地区和民间企业都必须要齐心协力，共同合作。只要“生存力”还作为在社会上生存的能力存在，那它就一定和在社会大背景里创造的教育环境息息相关。我们不应该像以前那样单纯地把教育托付给学校，只从旁观者的角度对教育提出要求。我们希望企业也能以出人或出资的形式具体地参与到教育当中，也希望学校一方不要再有过度的独占意识和责任感，考虑一下教育功能的分担和合作问题。

作为政策提议，我们把短期、中期、长期能做到的定个目标，进行整理。其中也包括已经在国内外提出来的和实施后效果很好的一些政策。但是，这次在生存力战略研究会报告中，最大的特点是来自教育、产业、劳动、雇佣等各界的委员进行了讨论，而且，我们除了内阁府，还向经济产业省，厚生劳动省，文部科学省征求了意见，进行了磋商。当然，也有意见不合的时候，但最终意见终于达成一致，提出了很可能实现的目标。只是从建立研究会的初衷来看，报告书中，搞活经济的建议比重稍微大了一些。

二、为了培养生存力的学习主题

本书并不是要全面介绍关于生存力战略研究会报告书。作为广义的学力，即站在生存力的角度上，我们有必要考虑一下培养什么样的学习和什么样的生存力。在第一章的图 1–9 中表明把社会上的成人作为模型时，可以考虑到他们的职业生活、市民生活、文化生活。但是，传统的学校教育通常把学者、艺术家或运动选手这种课程教育极限化的人物作为理想目标。谈到生存力，如果将经营健全生活的普通市民作为模型，那么就有必要将其职业生活，市民生活，文化生活这三种生活全面纳入范围。在图 5–3 中，我列举了几个从这个视角出发可能会出现的几个学习主题。

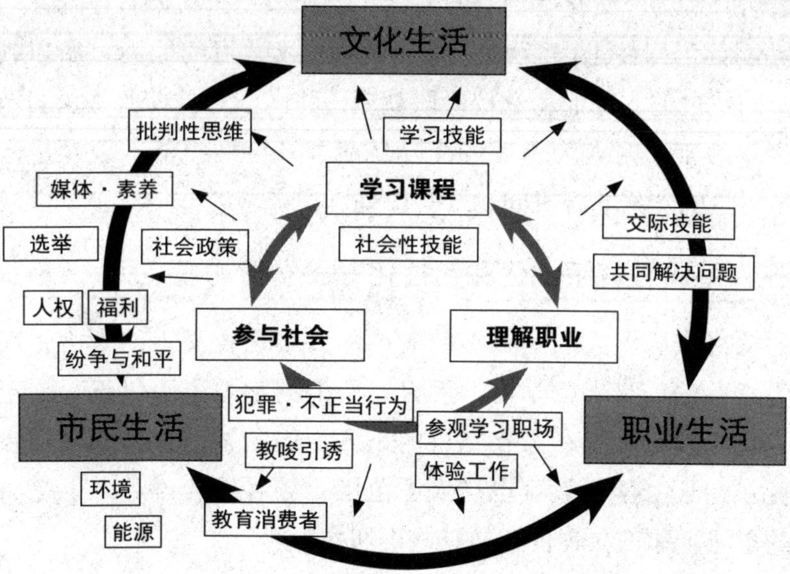

图 5—3　生存力所必需的学习主题

首先，作为“职业生活”的基础，有必要对孩子进行职业理解教育。它与把特定职业作为目标而进行的知识和技能的职业训练不同，其目的是让孩子们明白“社会上都有什么样的职业”“想要从事这个职业需要学习什么”，当然其中也包含了参观职场和职业体验活动。

其次，为了经营好“市民生活”，我们不能盲目相信他人的观点，要对他人的观点进行批判性研究，并提出自己的主张，这种“批判性思维”很重要。这与“媒体·素养”直接相关，所谓“媒体·素养”是指如何与包含收信·发信在内的媒体相联系。而且，我希望孩子们能时刻关注社会上出现的各种问题。实际上，在综合学习内容中也提过环境问题、能源问题、国际理解问题、福利问题、财政问题等。在此基础上，孩子们要参加包括志愿者活动在内的社会活动。这样他们在成人之后，就能将这些知识与自治活动或选举联系起来。更进一步，孩子们还需要了解社会的负面，社会上存在着什么样的犯罪和不正当的行为，懂得怎样才能不被卷入其中。现在，出现了许多问题，专对高中生的教唆引诱或为了理性消费者而进行的消费者教育等。

最后，作为“文化生活”的基础，要让孩子进行课程学习。考虑到学生需要具备即使走出学校也能自觉地继续学习的能力，所以就像我在书中阐述过的，我们从学校阶段就应该将“学习技能”提上日程，要让学生学习工作时尤为重要的交际技能、社会性技能，以及进入公司后必不可少的“共同解决问题”等课程。

三、地区教育组织化和活性化——学习的重点

我觉得今后大人们对孩子所期待的并不是狭义上的学力，而是与生存力相关的广义上的学习。而且，所谓的学力也不仅仅局限于学力本身，它应该是和生存力相结合的东西。但问题是这样的学习在哪儿进行呢？最近，学校教育也扩大了范围，导入综合学习，但是将上面提到的学习主题都在学校开展有些不切实际。

在生存力战略研究会上，我提出了“课外学习积分制度”，这一点也写到了报告书中。现在，自治体、市民团体、NPO、民间企业、大学等在地区开展的教育项目有很多。但我想让这些项目再充实一些，通过学校介绍给儿童和学生。学生参加这些活动可以加分，使其在升学或就业时成为自己的优势。虽然不是强制参加，但如果像社团活动或学生会活动一样，作为实际活动的成绩能得到认可的话，也能吸引学生在闲暇或长假时参加。

现在，有很多学校以“周六学校”的形式，在周六为学生补习。但是，我认为这些内容基本上由地区·自治体来承担的话会更好些。不强制学校老师来实施这些项目，当然也有老师来担任讲师，但是以市民志愿者的身份进行。或者是不同于学校的工作，由自治体出面请求老师作为讲师来做。

表 5-2 各种课外学习支援活动

	课程学习	文化、社会活动
学校	补习 个别指导	社团活动
家庭	父母、哥哥、姐姐等的指导	家庭活动
民间	补习班、家教、网络教育	才艺、体育俱乐部
自治体	教育咨询	面向学生的讲座、比赛
地区		地区社团活动
任意团体		童子军、基督教青年会等
文化设施		比赛活动
大学	个别指导、学习讲座	面向学生的讲座、比赛

我想补充的领域是“课程学习的补充、发展”“文化、运动”“市民生活”“职业理解”。我们需要促使小学五年级的学生到高中三年级的学生就这 4 个领域每年合计能拿到 40 分以上。40 分相当于 40 个小时，平均下来相当于每周六得 1 分，我认为这是最低限度。我们的宗旨是为学生提供学校难以习得的课程内容。这些活动的场所可以使用学校的教室和体育馆等，负责活动的主体是自治体、市民团体、NPO、民间企业、大学等。因为活动始终都是在课外进行，所以有一个条件，就是此种活动与学生上学的学校无关，是向当地孩子们开放的。当然，即使没有这个制度，也有孩子已经参加了，但刚开始参与者非常有限，通常只是积极性高的一部分孩子；另一方面，即使有了这个制度，因为不属于义务范畴，所以也有不参加的孩子。但是，在两者之间，会有很多孩子了解到这是一个什么样的项目，继而他们如果被推荐参加

的话，可能心里会想着“参加试试啊”，便参与进来，参加后他们体会到乐趣，就会更想参加了。

自从2003年4月生存力战略研究会的报告书刊发后，已经在地区实施教育项目的市民团体关注到这一制度。他们把“学习要点”作为项目名称，一边和东京的几个区的教育委员会进行联系，一边有组织地为实施做准备。到本书出版的时候，他们可能会试行实施①。

与生存力挂钩的学习中最必要的是，要与各行各业的人接触，让他们看到“地区里大人的姿态”不只是地区的人走进学校，孩子们亦要走进地区，抓住机会和大人们接触，这与学习的意义和积极性直接相关。

---

① 在生存力战略研究会的报告书中，针对课外学习制度，由教育委员会认定教育项目，但在同自治体的交涉的过程中发现由教育委员会担此重任还相当困难。因此，我们需要成立一个中立组织，使其受到教育委员会的委托或支援的形式进行项目认定、登载，现在我们正朝着实现此目标而努力。

补充章节　访谈

——何谓培养学习积极性

在补充章节里，收集了与本书内容相关的两个访谈。

第一个访谈的主题是“渴望学习的心情从何而来”，登载在月刊杂志《儿童文化》（儿童文化研究所 2003 年 3 月）上。是我接受同志主编片岡輝先生采访时的谈话。片岡輝先生既是东京家政大学的校长，又是诗人。这一访谈的话题涉及学习的感受以及与成人接触的重要性，是一场非常轻松的交谈。

第二个访谈是我与和田秀樹先生的谈话。和田先生既是精神科医生，又积极从事入学考试和教育的评论及撰稿工作。这一访谈的内容是从《学力危机——针对入学考试和教育的彻底抗辩》（河出书房新社，1999 年 4 月刊发行）一书的第二章《学习动机论》和第六章《教育改革论》的讨论部分中摘录出来的。该书重新整理了我与和田先生以电子邮件的方式进行的 4 个月的讨论内容，正好出版在热议学力低下之前。虽然由于学习背景、学习观和教育观不同，我与和田秀樹先生出现了不同的意见，但也提出了不少相同的建议。

在此，我向欣然同意转载本书的片岡輝先生、和田秀樹先生及儿童文化研究所、河出书房新社表示感谢！

第一节　渴望学习的心情从何而来

——市川伸一与片冈辉之间的访谈

一、为什么“学习”失去了魅力

片冈：如今的学习为什么吸引不了孩子了呢?

市川：现在，高中升学率在95%以上，其中一半左右的学生都能上大学（高等教育）。几乎所有的孩子都能上高中，但高中授课的内容、方法还和以前一样，讲授的内容非常高端抽象。对于那些喜欢学术的孩子来说，可能会感到很刺激。但是对大多数孩子来说，他们看不到其中的价值。因此，很多孩子对学习提不起兴趣也不是没有道理。更多的孩子认为与其在学问中追求乐趣，不如明白做学问的意义，以及它和自己的谋生之道、就业之路、生活质量有何关系等。但遗憾的是学校的学习却具有很强的学术性。

在小学，教学还是和生活有一些结合。孩子们看到大人窘迫的样子，可能会想“要是不认字的话，长大后还真是会有麻烦”。但是，到了初中，现实中大人的生活状态和在学校学的东西大相径庭，父母也没用到数学，当然，不会说英语也完全没遇到过困难，为什么我们必须得学呢?孩子虽然这么说，但在中学还是跟着学，并不是不学。到了高中，和现实相差的更远，学到一半就不愿意学了。

结果就是，虽然升学率在不断地提高，但是教学的内容和方法一点没变，于是出现了许多问题。在升学率只有两三成的时代，即使老师以集体授课的形式不停地讲课，孩子也许还能跟得上，但到了现在将近100%的孩子都能升学的时代，这种方法就变得晦涩难懂且无聊了，我觉得它吸引不了孩子也是无可奈何的事。

二、环境的变化，有趣的学习内容，教学要下功夫

市川：而且周围的环境在变化。现在，校外有趣的东西多如牛毛。

随着社会的发展，许多商家针对孩子开发出各种各样的娱乐产品。电子游戏、录像、漫画等应有尽有。

所以，现在的孩子不再把在学校学习当成一种挑战，被未知的世界激起的好奇心也近乎销声匿迹。周围环境的变化也是引发这种社会现象的原因之一。

片岡：我在高二第一学期的时候转了学。在以前的学校学的是数学“解析Ⅱ”，可是到了新高中变成了“几何”，也就是在第一学期，在零基础的状态下遇到了几何，学习全程云里雾里，完全失去了干劲，我开始讨厌数学。我不知道学这个有什么用，周围的人也没向我伸出援助之手，所以最后我对数学完全失去了兴趣。

如果在转学前我就接触了几何，也许我会体验到其中的乐趣。所以我认为在现在这样的体制下，公共教育很难抓住每个孩子不同的需求来进行匹配教学。

市川：对于新的领域而且内容很难的东西，最初如果没有一定程度的忍耐性，确实是很难明白其中的乐趣。那么，怎样才能够坚持呢？如果没有完备的条件是很难吸引住孩子的。

孩子是肯定会被周围有吸引力的东西所吸引的。比如有的孩子会说“那个老师我喜欢，还是一起学学看看吧”。这是一种叫作“教师魅力”的东西。它主要是通过和老师之间所形成的人际关系来吸引孩子。

如果老师能在教授方法上下功夫，把乍一看枯燥无味的内容让学生觉得这个地方很有趣或者觉得很有用。那么孩子可能会想跟着学。现在已经是需要老师在授课方法上下功夫的时代了。

以前，还有入学考试的压力。“不容分说，如果这个问题不会就进不了大学”的思想扎根，全社会都有这样一种意识“不管内容有没有用，没有高学历，将来肯定得吃苦头”，导致孩子也会认为“没有办法，必须要去学”。所以孩子们只能努力。有的孩子在努力的过程中，发觉到内在的乐趣。以前是以这种方法拽着孩子往前走。现在，这种方法已经行不通了，必须要用有趣的内容去吸引孩子。所以可以说这是一个艰难的时代。

三、所谓的“学力”——要求教育质量、教师实力

片冈：市川老师您分析了“什么是学力”这个问题。提出了学力包括以下三点：一是知识、技能；二是文章的读解、论述、讨论、批判性思考、解决问题和探究问题的能力等；三是学习新知识的学力，包括自主学习积极性，求知好奇心，制订计划进行学习的能力，学习时的集中力和耐力，还有交流能力。

我女儿在和光小学上学时，我旁听了一节数学课。在这节数学课上，老师用假设实验的方法教勾股定理。这个班有 30 个人，5~6 人一组。孩子们之间一边互相讨论一边互相帮助，同时，孩子们自己思考并去发现为什么可以通过两条边的长度推导剩余一条边的长度。

当孩子们解决以后的兴奋感是不言而喻的，他们在旁边标注“某月某日，○○组的发现”，把原来的“勾股定理”扔在一边（笑），而写上“我们的发现”。这样的课堂可以说已经把“学习新知识”这种“学力”完全系统化了。

这么说的话，我感觉现在经常听到的学力下降论中对教授的能力和教育方法的批判是不是有欠缺呢？

市川：我对于“学力下降论”的提倡者最不满的一点是他们没有意识到不改变以前的教育方法是行不通的。一听到批判声他们就会马上提到时间问题，说“减少时间会很难办”，然后又会提到数量问题，说“如果把核心内容减少三成的话也很难进行”。

但实际上并非如此，我们应该重视的是教育的内容和质量。如果不对这些问题进行反省的话，即使把时间和核心内容恢复到以前，也不可能吸引现在的孩子。

孩子们能否体会到通过积极献言，思想碰撞之后发现新世界的横生趣味，这全凭老师的能力。要想让孩子获得这样的体验，体味到这种难忘的学习的经历需要老师考虑很多问题。比如事先给学生们储备多少背景知识比较合适呢？在这之前，让他们怎么思考这个问题比较好？只有老师考虑了这些问题，才能让孩子们体味到这种学习的乐趣。

实际上，文部科学省最开始提倡“宽松教育”的时候，我并不是

很赞同。几乎不给学生储备背景知识，就让学生一起讨论、思考……，即使是大家一起讨论，也得在大家共同拥有一定程度的背景知识的基础上进行讨论。没有一定程度的背景知识，是讨论不出什么结果的。

如果要是有点新发现还好，如果什么发现都没有，那这些时间就是白白浪费掉了。我觉得是否考虑了这些因素也是老师自身实力的重要体现。

片冈：对老师来说，要营造这样的课堂，并不是单纯地教授规定好的东西就可以，这确实是件很难的事情。

市川：这种课堂既不能像以往的课堂一样，单单只在黑板上罗列教科书上的内容，也不能不教授知识，只让学生自己进行讨论、活动。我认为如何保持教授知识和让学生自主思考这两者之间的平衡是今后老师需要考虑的重中之重。

四、父母和孩子的相处方法

片冈：对学龄前的孩子来说，父母如何与他们相处比较好呢？

市川：我认为可以从两方面进行考虑。第一点是关于交流能力。在学习的过程中，交流能力起到了一定的作用。例如，如何理解别人说的话，怎样表达出自己想说的内容。这种能力会由于每个人在童年时期和父母、家人、朋友之间交流的不同，而产生很大的差异。

如果你问孩子“今天发生了什么事”，孩子就会想尽量把今天发生的事情好好地表达出来。如果母亲有不明白的地方，就会问“你究竟怎么做的啊”“你和谁一起做的”。于是，孩子会隐约悟出“如果不好好说清楚，对方是不会明白的”这个道理。

孩子们一边在思索着，一边进行交流。如我说的话得有条理，我用这种说话方式对方会怎么理解等，这是非常重要的。孩子肯定会有和父母发生摩擦，和兄弟吵架的时候，这个时候要尽可能有逻辑地组织自己的语言告诉对方，我才是对的。这也是非常重要的能力。

如果在学龄前就具备了这样的能力。那么上小学时他就能够理解课堂上老师说的话，友好地和同学相处。从这个意义上来说，我希望通过在幼儿期每天和孩子的交流，让孩子逐渐掌握这种交流能力。

五、父母的学历、社会地位和孩子的学力相关联

市川：还有一点就是“对于学习的价值观”。大人读书或者兴致勃勃地看电视里的教育节目或看新闻，都会对孩子造成潜移默化的影响。

大人的读书量和孩子的读书量是密切相关的。看到大人在看书，孩子就会觉得“书好像很重要，很有价值”，也变得想看书了。在孩子幼儿期的时候，让他们看到大人的这种价值观是非常重要的。

片冈：也就是说，在孩子内心本来存在“想要学习的欲望”，关键在于如何将其引导出来。这种学习积极性如果在上学前没有很好地引导出来，一上小学，就突然让他学习，和在很好的条件下培养起来的已经具有学习能力的孩子相比，一开始就有很大的差距了。

市川：这是“父母的学历或社会地位与孩子的学习能力有密切关系”这一现象的根源。有人觉得如果父母经济条件优越，就有条件对孩子进行教育投资。比如请家教，让他们上补习班，买参考书等。所以这些家庭的孩子成绩才会不断进步。我认为可能确实有这方面的原因。但是更重要的是，父母所营造的文化环境对孩子的影响。比起大量的经济投资，父母的学习态度和交流方式影响更大。

确实，来自不同家庭的孩子在起跑线上就存在着差距。为了消除这样的差距，要求社会发挥一定的作用。孩子并不是只跟父母接触，他还可能和幼儿园的老师，和其他的大人有接触。从老师的身上也能看到这种价值观，和不同的大人接触，能和他们建立不同的联系，可以利用这些机会来消除差距。我认为学校也能起到填补家庭环境所造成的差距。

片冈：这就是您所说的“以承认个人差距为前提的教育体制”吧？

市川：是的，但是所谓的个人差距，不只是由于家庭环境所产生出来的差距。即使家庭环境一样，也一定会产生个人差距。因此确立适应不同的个人差距的体系确实很重要。由于家庭文化环境差异是产生个人差异的一个因素，所以有必要采取措施将其消除。

现在是不是过于无视这种差距，过于强调“人人平等”这种观念了呢？如果不留神地把“差距”挂在嘴边，可能会被认为是在差别对待，所以也就无视它的存在了。但是大家有没有考虑过如果这种差距真的存在的话，不是更应该积极地考虑应对策略吗？对于这一点，教育社会学家苅谷刚彦先生和我的想法不谋而合[①]。

六、“饥渴”会带来积极性吗

片冈：我在办公室和家里都放了很多书。于是，孩子觉得“有书是正常的”，就不会觉得很新鲜。

还不如让孩子缺少书籍，让他们产生想看绘本看得目不转睛一样的饥渴感。我认为家庭条件并不优越，没有什么阅读经验的孩子反而有可能会产生无止境的求知欲。

市川：1960年，学校刚刚有电视的时候，孩子们一个个目不转睛地盯着屏幕说“这就是电视啊”。视听教育起步时期，引起了孩子们的极大学习兴趣。但是现在电视教学已经见怪不怪了，所以单单通过电视，激发孩子的学习兴趣是不可能的。现在能够吸引孩子的比如说有一台电视，不如说那是什么样的软件，里面是什么样的内容。

从这个角度上来看，制作电视节目也越来越需要下功夫了。以前的人经常会有“文字饥渴”的感觉，但是到了我们这个时代，大多数人已经没有“文字饥渴”的感觉了。他们只会读自己感兴趣的东西，没有兴趣的东西就不会读。不知道“饥渴”，从某种意义上讲可能是不幸。

七、“生存能力”和“自我教育能力”

片冈：最近，青少年的自杀现象比较多，出现了各种事件，他们自己切断或封闭了自己的生存之路。

求生欲是生物的本能。我感觉孩子们的这种本能正在渐渐地消失，

---

① 苅谷刚彦先生在《介入〈中层阶级崩溃〉的教育改革》（《中央公论》2000年7月号）论文中指出，不考虑拖社会阶层后退的“负遗产”而进行的教育改革会产生新的不平等。在他的论文中，还对庸俗的教育心理学过于强调的“所有的孩子都有干劲”这种内在动力进行了批判。整个论文转载到《争论・中层阶级崩溃》一书当中（中公新书1）。此外，笔者和苅谷先生围绕这个问题的讨论被收录在《学习积极性的心理学》（PHP新书）一书当中。

这和文部科学省提出的“生存能力”有什么关联吗?

市川：我觉得“生存能力”这个词本身太抽象了，虽然我明白他们想要说什么，但不是一个好的口号①。

文部科学省在提出“生存能力”这个概念之前曾经提出过“新学力观”。而在提出“新学力观”之前还提出过“自我教育能力”这种教育口号。“自我教育能力”虽然非常重要，但是限定在“自我教育能力”下的“学力”意义太过于狭隘了。

努力学习应对考试确实是自我教育的一种，但是如果仅仅把自己学习书本上的知识来应付考试认为是自我教育的话那就太狭隘了。在“新学力观”中，也强调了学校范围内的学力。但是如果把视野扩大到社会实际生活中的话，刚才所说的“人际交流能力”“与人相处能力”“道德观念”等更为广泛的东西也会包含进去。

如果“自主学习，独立思考”是指希望在经营自己的社会生活时能够自我思考的话，我觉得不应该单单只用“自我教育能力”“新学力观”这样的词，而应该用更有内涵的词。现在的学校并没有起到培养孩子这种能力的作用。因为想培养孩子能够将生活融入自己的视野，所以才提出了“生存力”这个概念。

片岡：您在解释“生存能力”概念时提到了“感动之心”。但是，在萌生感动之心之前，可能还需要刚才所说的“饥渴”。我觉得现在我们处在不会产生感动，甚至连感动的想法都没有的状态之中。如果想恢复“生存能力”的话，不仅仅是教育，连生活都得做出相应的改变。

我觉得应该从小培养孩子们“自己学习，自己解决问题”的意识。给孩子创造自己解决问题的环境，在不断地锻炼中逐渐培养这种意识。同时在日常生活中，父母应该告诉孩子们要考虑他人的感受，以及什么样的事情是能够让人感动的。这些意识的培养不仅是老师的责任，对于家庭、父母与孩子的相处也要提出相当的要求。

---

① 《生存能力》解释如下：（1）自己寻找课题，自己学习，独立思考，进行主动判断、行动，具有更好的解决问题的素质或能力；（2）不仅要能够自律，还要能与他人合作，具有能体贴他人，了解别人的感受；（3）能够保持身体健康，并且有良好的体力。《第15期中教審第一次答复（1996年7月）》。

八、让孩子和“大人”相见

市川：但是，人们一提到父母，就只会想到自己的父母了。我觉得全体社会在“育人”上其实也发挥着很大的作用。所谓的感动，既可以是在学校课堂中对于学术精神的感动，也可以是在社会上，看到各行各业的专家人士努力工作时所产生的感动。

孩子们会感受到专业人士在工作时，他们是如此下功夫，如此努力，如此有干劲。但是这些专业人士的精神，孩子们在学校里是看不到的。孩子们既看不到自己父母工作时的样子，也不知道他们工作的内容。而且，除了父母之外，孩子能看到的大人最多也就是学校里的老师、生病时遇到的医生和电视里的演员，途径十分地有限。

通过让各行各业工作的大人来到学校，让学生们看到他们工作或做人的方式，既有作为志愿者工作的人，又有有爱好，有社会价值生活的人。孩子们了解到现实生活中大人们在各种场合的行为方式，应该能有所触动。

学校的老师来召集这些人，这些“出场人物”该从社会人群中选择，大部分的人都有自己的工作，这并不难。NHK中有一档节目叫《X项目》，受到大家的热捧。出场人物全部是社会中再普通不过的人，但是依旧感动了一大片。

片岡：《课外授课——欢迎前辈》(NHK)这档节目中孩子们发自内心的感动想必也是因为邂逅了自己未曾熟悉的大人而被触动了心弦吧。

市川：孩子们在新闻媒体中也能看到大人的情形，我觉得学校的老师如果能创造让孩子和大人相接触的机会是非常好的一件事。

片岡：还有虽然现在有很多的大学以对社会开放为目标，邀请各界人士开展讲座。但感觉大学更倾向于知识的反馈，而真正将学生引入社会，和社会进行交流的机会比较少。

大学的老师也应该从外界吸取大量的东西。但到现在为止学校只是一个封闭的社会。老师认为自己就是世界的中心，我觉得要打破这种格局，首先需要老师自身的改变。

市川：其实，综合学习进行得好的地方，老师自己也会被打动，并且享受于课堂所带来的乐趣。我见过在社会学的课堂上老师让孩子们看各种各样人的生存方式，看社会上的大人和孩子们进行交流的实践互动。这种课堂上最享受的人其实是老师。

老师一直在学校工作，很少有和社会接触的机会。所以邀请工程师、农民等社会各行各业的人来到课堂，老师也会很受益。而且，看到老师学习的情形，也能激发孩子们的兴趣，和老师一起去体尝其中的乐趣。

父母也一样。父母也可以了解各行各业人士的工作方式，会有一种拨开云雾见青天的感觉。看到这些情景，孩子也会一同被吸引。

九、和大人交流的重要性

市川：不仅如此，和比自己大的人进行交流也是非常重要的。只有和比自己大的人进行交流，才能慢慢掌握吸收语言。因此我觉得和父母顶嘴是非常重要的（笑）。但是若父母都非常忙的话，一般会用命令的口吻对孩子说“不许顶嘴”或者“必须这么做”，如果不听话就会挨打。

在美国，据说即使开发像《芝麻街》这种早期教育节目，对于贫困家庭的孩子们来说也看不到什么效果。虽然这个节目想尽力填补不同家庭的孩子在文化和经济上的差距，但实际上并没有什么效果。

对此，我们针对孩子和父母在家中是怎样沟通交流这一问题，做了一个调查，结果发现不同家庭的沟通方式有着很大的不同。在一个贫困家庭，若是家里有七八个孩子，每个孩子都没有机会去为自己辩解，家长也不会告诉孩子这样做错的原因。但如果是中产阶层家的孩子，父母会耐心地，有逻辑地教导孩子。孩子如果要反驳，也是用语言来进行反驳。在经常进行这种交流的家庭中长大的孩子和在认为“父母的话就应该听”的家庭中长大的孩子的交流能力是完全不同的。

十、现在的孩子禁不起压力

片冈：我认为现在的孩子被保护的太好了。您觉得呢?

市川：现在的孩子，缺少韧劲，抗压能力也弱。我认为打架非常重要，特别是在幼年时期。在童年时代，即使大吵大闹也不会去自杀。但到了高中、大学，稍稍被说两句，就会觉得自己被人讨厌，没有一点还击的能力而去自杀。

孩子小的时候，即使无法让事情朝着自己所想的方向发展，他也会尽力用语言把这种挫败感表达出来。这对于孩子的成长是非常重要的。这既锻炼了他的抗压能力，又培养了沟通能力。从这个意义上来讲，现在的孩子确实不行。

现在的学校太过于通情达理，觉得不应该把课题强压在孩子身上，应该尊重孩子的想法，多表扬孩子。这样做确实能使孩子获得暂时的快乐。但是在某种程度上来说也使孩子渐渐地不会去承受，不会去奋起直追。他们变得过于敏感脆弱了。

片冈：如果到了所有人都能上大学的时代，没有了考试的压力，那么，学习的外界压力也就消失了。

市川：不得不减小入学考试的压力。到了那个时代，最重要的应该是如何提出有意义的压力或目标。学生不再以入学考试为目标。而是像刚才所说的那样，将大人和自己的生活方式相结合“接触各种各样大人后，我也想成为那样的人”，自己给自己一个成长发展的动机。而这些，我觉得社会是能为我们创造出来的。

片冈：也就是说要不断地认可多方面的价值观。

市川：正是这样。

十一、孩子的自我决定能力

片冈：有个男孩子放弃了上大学，选择了演奏吉他的道路。他的母亲是位有名的教育评论家，对此非常苦恼。究竟什么时候的决定才能算作孩子的自我决定呢?

市川：孩子偶尔迷上了什么，无论是老师还是家长，如果只是迎合“啊，这个挺好的，你努力吧”，我认为这是不负责任的。比如运动能力并不是很强的孩子在电视上看到足球比赛后说“我要当足球选手，所以不用学数学了”。这时，如果父母说“那你就在那条路上努力吧”。这样的父母是不负责的。

我是说过“拓展想成为和能成为的自我”，但孩子们并没有接触到各种各样大人们的真实情形，也没有了解自身的情况，只是偶然迷上了，就说想成为这样的人，这是十分轻率的。我们有没有想过，如果当那个孩子最后没有实现目标会怎样？所以孩子即使说想当演员，也应该让他看看还有许多其他各种各样的选择。

让孩子们学习多种多样的课程能开拓孩子自身的可能性，扩充“自己成为什么样的人”和“能成为什么样的人”的选项，如果不拓展这两方面的选择范围，因为有偏见，觉得自己不想做就直接放弃，认为“自己就这个挺好，就行了”。结果会导致孩子干什么都不行。我希望孩子们能够明白“过早确定目标，而不去尝试其他东西”的做法太冒险了。

拿吃东西这件事情来说，我们家反对没有吃过就说自己不喜欢这种行为。不能只吃自己喜欢的，对于孩子还没吃过就擅自“判了死刑”的食物，我们会说“不行，必须吃”。

片冈：最近，有不少“知音父母”，对孩子态度又好，又没有摩擦冲突。我并不赞同这种做法。我认为不管是不是会受到来自孩子的指责，父母都应该摆正自己的姿态。这是作为父母所必须具有的。

十二、“干劲”源于人际关系

片冈：那么，“想学的心情”是从何而来的呢？

市川：幼年时期的孩子，与“学什么”相比，“和谁学习”更重要。就因为喜欢那个老师或者有好朋友也在学习，便产生学习的欲望。

工作也是一样。当然工作本身可能也有乐趣，但是也有些人可能是因为有和自己合得来又能干的伙伴或者和上司的关系不错，工作很起劲，之后渐渐被工作本身的乐趣所吸引。经营心理学中也提到过这种现象，我认为这对于学习来说也是适用的。让人产生学习欲望的基础是人际关系的好坏和对自我能力的自信，在此基础上，才能够一点一点体会到学习的乐趣及学习的用处。

老师经常会说“那个孩子，不是学习上出了问题，而是不想学”。要是这样的话，撇开学习不谈，是不是可以用吃药的方法让孩子一下子就有学习的欲望呢？（笑）这肯定是不可能的。孩子们可能会因为有好的老师，好朋友激发兴趣而去学习，然后，在学习的过程中有了干劲产生了自信，感觉到学习的乐趣，从而引起学习的欲望。如果“不是学习上出了问题，而是孩子本身不想学”的话，“那么，怎么才能让他想学呢”。因为不管怎么说，干劲源于学习的过程，而能将孩子带入那个过程的应该是靠人际关系的力量了。

第二节　应试和教育改革的动向

——市川伸一与和田秀樹之间的访谈

一、应试动机的现状及影响

市川：和田先生您比较强调应试学习的作用。但煽动应试考试反而不能帮助孩子们进行我们所期望的学习，对于这一点，您怎么看呢？当然，这并不是任何人在任何时候都会出现的现象。首先，它取决于学生在入学考试中得到回报的多少。比如希望“进入名校”的学生会努力应对考试，在学习上就不会表现得那么“潇洒”（一种无所谓的态度），只进行与应试有关的学习。而且，对于学习能力相对较弱的人因为没有那么充裕，所以要全身心的投入到应付入学考试的学习中。而如果能够在学习和生活中找到平衡并且经常能在考试中取得好成绩的人，就不会有什么大的“利害”关系。

和田：对于高中生来说，“潇洒”是否必要本身就是我们应该考虑的一大问题。难道不能进入大学后，再去体验那些与考试无关的学习乐趣吗？我自己也是过了30岁后，才渐渐感受到学习的乐趣的。所以我觉得这也是可行的。

而且，没有充裕感的考生会拼尽全力去学习要考试的内容，不会去做无用的学习。他们怀着“无论如何，我都想去XX大学”的坚定信念，只学习必须学习的东西。这种情况的学生，上了大学以后（先不考虑落选），由于他们考上大学的喜悦以及由此产生的自信，要比通过轻松学习就能达成目标的人更有可能活跃在各个领域。因为我相信这种可能性，所以鼓励学生“朝着理想的学校，以最小的备考范围去逆袭吧”！

市川：如果应对考试成为学习的目标，就容易导致学生只学习要考试的内容，就不是拓展“想成为的自我”的学习了吗？

和田：我的基本立场是在大学的申请书上要明确提出“自己想成

为什么样的人”并以此为目标来努力学习。具体来讲就是，由自己决定想去的院校并为之努力奋斗，而不是听任父母或老师的安排。我认为从消极的一面来说，当今时代最大的问题就是，“自己想成为什么样的人”这一概念过于多样化，甚至变得暧昧不清。

过去，大家都想着要努力学习，进入一个好大学然后出人头地。在这样一种价值观比较单一的年代里（即使是顺应父母要求），“自己想成为什么样的人”这一概念也比较明确，大家只要朝着目标努力学习就行了。在那个年代，即使有些人在高中的时候觉得像这样学下去，进入名牌大学也没有什么用，于是向艺术家或者哲学家的方向发展。但是多年来他们已经掌握了基本的学习能力，所以即使不进入名牌大学，即使是高中退学了，在知识方面也不会出现很大问题。他们对于自身所处行业之外的领域，也能有所认知。

然而，大多数这样的成功者都不会认可自己从小被逼迫学习或为了所谓的理想（出人头地等）而学习的价值。他们只肯定自己从某一时期开始领悟到的生活方式，并经常宣扬“小时候只会学习的人是不会有什么出息的”等观念。我认为这种观点是很有问题的。

市川：嗯。且不说应试教育本身的内容是否有用，就向孩子们传达努力学习的必要性这一观点，我是持赞同态度的。只不过我想补充一点，父母们现在越来越觉得在学校的学习并没有什么用处，以及即使不努力学习获取高学历，照样能生存下去（一方面是由于社会变得富裕了，另一方面是由于石油危机以后即使拼命工作也迎不来社会高速发展，人们产生了放弃心理）。“学习是孩子们的天职”这一价值观念也稍微变弱了。

和田：我完全同意您的补充。如果再追加一条我自己的感受的话，就是泡沫经济时代，很多父母和孩子都感觉到即使是努力学习考入了名牌大学，如果没有财产（从父母那里继承的土地资产），一辈子甚至连房子都买不起。这种想法促使了他们不再重视学习。从那个时期开始，孩子们的学习时间和大学最低录取分数线都在明显下降。恐怕我和您对现状认识的最大区别就在于您刚才说的“稍微”那一句了。可能也因为存在个人差和地域差（的确现在也有很重视学习的地区），我认为“学习是孩子们的天职”这一观念变得极其微弱了。

二、不明确的课题会让孩子产生无能感

市川：和田先生您所说的如果课题过于模糊，不但不会前进，反而会倒退，这一点确实非常重要①。这种感觉就像当看不到自己的努力与结果之间的关系时，就会觉得自己很无能。我觉得学习也是如此。有一个动物实验，报告结果显示：如果先把动物放入无论怎么按手柄都不能躲避电击的条件里，然后再把它放入按下手柄就可以躲避电击的条件里，它是怎么都不会有逃避电击的动力的。这种现象对其他的学习也会带来不好的影响。

和田：听了您这番话让我想到了两点。第一点是和孩子们直接相关的，特别是对小学阶段的孩子，学校必须制订能够使孩子们的努力和回报成正比的教学计划。也就是说，我认为无论是对构思能力要求较高的图形问题还是个人感受能力差距比较大的诗歌鉴赏类问题，因为努力的结果与分数的关系不那么紧密，所以这些课程应该安排给高年级的孩子。

第二点是针对经历过泡沫经济时期的孩子们，如果他们经历过无论怎么努力也买不起房子的时代（这是当年泡沫经济时期的中考生，也就是小学五六年级学生在电车里一本正经地讨论的话题），那么他们即使回到普通的条件，也很难再想学习了。一旦拥有这样的经历，就很难再有从前的价值观和动机了，而现实中，这种事情是存在的。

市川：是啊。就像背乘法口诀一样，如果是极其清晰的课题，因为目标明确，只要努力就会成功。如果失败了，也是因为自己不够努力，是能够接受的。但如果是比较模糊的课题（例如学校的作品欣赏课等），因为孩子不知道怎么改善，所以总得到差评的孩子心理就会有很大的压力。

要从这些困境中走出来，就要求老师要么评价学生时不要过于明确（这时进步也不会太明显），要么更加明确地告诉孩子怎样做才能提

① 在《学力危机》的第二章中，和田先生提到，英国精神分析学者威尔弗雷德·比昂发现如果给予集团不明确的课题的话，从精神角度和发育角度来看会引起逆流般的后退。

高。可是像绘画、诗歌、唱歌等课程，在学校基本是不教大家怎么做才会有所提高的。如果要进行明确的评价，又不把提高的方法教给学生，学生就不知道该怎么努力，很容易产生无能感。

因为在教育改革的“综合学习时间”里，存在着非常模糊，并很难的课题，所以希望能好好顾忌一下那些低年级还有不擅长这种难课题的孩子们。如果和田先生您的主张也是“对那些孩子，最好（只）给他们一些明确的课题”的话，那我就能理解了。

和田：我认为至少对年龄小的孩子，必须给他们明确的课题。首先能让孩子们体验到努力就能带来成功，再者这个年龄的孩子，如果很容易就能背下来那些无聊的乘法口诀或汉字，他们也会很开心。

我在《应试学习拯救孩子》（河出书房新社，1996年）一书中强调过，不仅是这些年龄小的孩子，对那些精神上不稳定处于青春期的孩子，也最好给他们提供明确的课题。

我认为这就是亚洲教育体系与美国教育体系的差距所在。在亚洲各国，给予初中生或高中生非常明确的课题，强制他们学习，但进入大学后，课题就相对比较自由。与其相反，在美国则给予青少年时期的学生相对比较自由的课题，进入大学后才让他们好好学习。两者相比，至少从心理健康层面来说，亚洲式教育看起来比较好。

市川：关于心理健康，您所说的好像有一定道理。但就创造能力或表达能力来说，亚洲式教育则将青少年的创造力“扼杀在摇篮里”。而且，在价值一元化的基础上，让孩子们去竞争学习能力，这会使学力较低的孩子压力很大。

三、不伤害自尊心的学习指导方式

和田：市川先生您在实际指导中是如何帮助那些学力极差的孩子的呢？比如有些初中水平都达不到的高中生，如果对他们实话实说，不仅会让他们产生无能感，还会让双方关系恶化吧。

我会这样说：“人没有聪明和不聪明之分，但是如果知识储备存在差距的话，那解决问题、理解知识点的速度就会不一样，这是没有办法的。你现在虽然英语已经达到了高中水平，但是数学还停留在初中一次函数的水平，所以现在着急做高中习题的话，理解起来会很困难，会浪费大量的时间。这需要你回顾初中的内容，在确保能够理解的基础上循序渐进，这样既节省时间，又能够充分理解。即使是背数学知识也是这样，如果不理解的话是很难背下来的。”

当然，如果我们了解孩子个性的话，自有应对的办法。但是，当我们不了解时，我们就必须尽可能地去发现孩子的长处，维护孩子的自尊心。这是精神疗法中与患者建立关系的基本技巧。

市川：把基于怎样的教学目标设定的教学方法告诉学生，来赢得学生的理解。这相当于一种手术同意书啊。

我觉得在这种情况下和田先生您提到的照顾学生们的感情确实是很重要的。(例如尽量不伤害学生们的自尊心，从长远的角度来看学习以前的知识会更有效等。) 如果对学生们说：“这里比较难，我们从前面的内容开始吧”，有的孩子会很开心，但有的孩子会觉得伤害了他们的自尊心，所以我一般都会去问学生本人。

和田：如果问学生本人的时候，他们回答：“已经不想再学习初中的课本了”，或者他们认为伤害了他们的自尊心怎么办？那么在面试时，就要提前询问他们是否属于老师说的你做不到就伤自尊的类型？

市川：不是，因为我们不能马上知道那个孩子属于哪一种类型的孩子，所以不能确定他初中的一次函数掌握得如何，是重新学一次函数好，还是学习新的内容好。另外，我认为不用非得把初中的课本和参考书塞给他们（就是说不用让他们知道目前学习的是初中的内容），老师可以通过讲解帮助他们温习初中的内容。

和田：明白了。还有一个问题想问您，我们一直在讨论“背诵数学”一词是否正确，我也自我反思过，觉得至少现在开始要改变解释的方法了。相反，不只是市川先生的书，其他认知心理学相关书籍也都在强调知识的作用，因此，我认为“数学是灵感”这种说法不太合适了。

之前，《朝日周刊》的主题新闻报道了我和皮特·富兰克林以“数学是背诵还是发散思维”为题进行辩论的专题。发散思维一词还说得过去，灵感则给人一种强烈的无中生有的感觉，误导人们即使缺乏知识储备，头脑聪明的人也能学好数学。

市川：我读了《朝日周刊》的报道。数学家们有“运用少量的规律必然能解出多数问题”的美好想法，这可能是他们的天性吧。构建数学体系原本就是为了省掉无用功，数学家们也许讨厌在解决问题的同时还要“运用问题原有的知识”吧。其实，我也有同样的感受，但是实际上，为了解决问题（即使数学专家否认这一点），包括我在内的认知心理学学者认为还是需要运用许多知识的。

但是，我并不认为数学家对高考考生过分强调“灵感”或“感觉”。我觉得，富兰克林在那篇文章中是想要强调“运用少量知识，顺其自然地思考，谁都能解决问题”，而绝不是在说“因为灵感是必要的，所以没有灵感的人学不好数学”。如果要解释的话，“感觉”大概就是“顺其自然地（必然的）思考”。有趣的是，无论是背诵派还是感觉派都在强调“谁都能学好数学”。

也有的数学专家认为“数学更适合于讨厌背诵的懒人”，但是无论一个数学爱好者多懒、多讨厌背诵，他都不可能不喜欢解决问题。我认为，他们在解决问题的过程中一定无意识地获得了许多知识，从而在表面上呈现出一种“进行着有用并顺其自然地思考”的状态。

和田：即使是数学这样的科目，知识也是必不可少的，如果不能更好地传达这一点的话（“数学就是背诵”这种说法就不够好），我认为就无法解决因讨厌数学、对数学有偏见、数学学不好而产生的“愚钝情结”。您作为认知心理学学者是如何看待“灵感”这个字眼的呢？

市川：像刚才说的那样，我认为数学家至少没有过分地要求考生的“灵感”。顺便说一下我的想法，我认为，解决问题时，即使没有从天而降的灵感，也一定要有新想法，应试数学也须如此。当然我也对学生说，为了实现这一点，理应掌握一些基本的技巧（作图法、试错法等）。

还有一点，也许更该说是您的主张吧，如果掌握类似于棋谱那样的基本套路的话，重新组合这些套路也会得出新解法。但是想要进行组合，首先得有基本套路才行，也就是说，掌握多种多样的套路会更有利于解题。总之，我认为，虽说这是灵感，但也能理解为根据“知识和推论”而进行的信息处理。虽然针对想法和创造性已经有了许多心理学方面的研究，但鉴于这是个比较难的题目，所以很难输出到其他领域。

和田：我非常明白。不管怎样，“灵感”一词让很多孩子害怕数学，失去了学习的干劲，希望您能知道。

四、如何把握教育改革的动向

和田：目前初中数学课程比重降低的趋势明显，我想问问市川先生，您是怎么看待这种“宽松”教育的呢？您对现状有什么看法呢？因为如今应试热并未消退，我们是应该继续批判传统的教育体制呢，还是应该以某种形式让孩子再多学一些呢？

市川：我觉得应试热是否仍在持续不能一概而论。首先，正如和田先生您所说的那样，大学生们看起来已不像以前那样拼命地为考试而学习了。现在学习的科目的确是少了，但学生的成绩相应提高了吗？我没看出来。如果说东大的最低录取分数线在逐年降低，这也是不难想象的。

我认为最重要的还是学习的质量问题。这和学习的方式，对待学习的态度有关。学生们现在接受的“倾向和对策”型的应试学习方式，无法通过考试来测试到探索能力和表达能力的下降。这也是“最佳化过剩”的结果①。让大学老师们叹息的，与其说是考试分数，不如说是不能很好地进行专题讨论课的发表和讨论，不能自己确定毕业论文的题目，只会机械地做老师让做的事情等。这不是为了考试而努力学习的问题，而是大学前的学习内容，这也是期待教育改革的地方。

和田：我认为宽松教育的本质就是削减课程量，您怎么看呢？

市川：这次的修订，就删减内容来说，其实我是赞成的。我觉得之前的量确实是太多了。但是，我和和田先生您一样，也认为并不是说减少了数量，孩子们就能轻松，课堂就能变得简单易懂。必须考虑在教育方法上下功夫，特别是应该想办法从质量上提高孩子们的学习方法。

---

① 最佳化过剩原本是统计数据分析的术语，是指如果可以用理论填补有误差的数据的话，乍一看好像对数据有说服力，但不是普遍存在的理论。也就是说，只适合于当时的情况。在原著《学力危机》一书中，让应试生只学习应对考试的内容，导致其学力严重不足的情况比喻为最佳化过剩。

此外，我认为除了优化教学课程和改善应试学习方法，增加培养孩子表达能力和解决问题能力的课程也是很有必要的。这可能是我和和田先生您不一样的地方。

和田：如果要提高数学思维的灵活性和解题问题的能力也需要学习广泛的知识和多种形式的运算与推理经验的话，草率地削减教学计划的内容反而会遗漏必要的知识，无法掌握更多的推理方法，甚至会令他们在数学方面不知所云，理解能力下降。

市川：我认为对大多数孩子来说，初中数学的重点应该放在以下两点上，一个是能够在生活或其他学习中学以致用，另一个是培养理性思维和表达能力。因此，我觉得内容可以不用过多。顺便说一下，要想能够“学以致用”，我们应该更重视“统计”这一部分的内容。因为市民们在通过数据来解读社会现象的时候，“统计”这项能力的重要性就会显现出来，不仅如此，在社会科学领域也会大量运用到“统计”。

和田：与20世纪50年代时的中学数学相比，点的轨迹、三角函数以及立体几何等内容都被删减了，以前中学数学的教科书中，从数学的应用角度出发的行车时刻表、股票、保险、国家预算以及税金等方面的内容也没有了。近些年来，在教学计划里添加的内容只是“概率”与“统计”。然而，即使对教学内容进行了削减，但学不会数学的孩子却仍在增加。所以，我认为如果不认真研究一下其中的原因的话，是无法解决问题的。

市川：我认为在教育方法上下功夫一事，绝不能疏忽大意。以前，电视上曾经出现过关于“几何证明”的节目，制订教学计划的有关专家也曾表示，“教学内容本来就繁重，而其中还包含很多对于孩子们来说过难的内容，应该予以削减”。但是，教育学以及认知心理学家的观点是，教学工作中应当就“这一问题为什么困难”做出分析，进而用易于理解的教学方式进行讲解，单纯地因为存在困难就想要削减内容是思维简单的表现，这一点与和田先生您的意见一样吧。

五、“综合性学习”能够顺利开展吗

和田：关于在学校教育中开展“综合性学习”这一课题，我个人比较担心的是，从现在孩子们的价值判断等方面来看，他们比较重视应试性学习，忽视在学校的其他学习，因此学校所进行的教学计划改革极有可能没有任何收效。我在上小学的时候就是这样。

市川：这确实令人担心。一直以来也有不乏担忧的声音，比如“综合性学习”到头来会不会变成孩子们的“边学边玩”，私立初中以及高中会不会把这些时间完全用在应试性学习上等。不仅如此，很多学校的老师也纷纷指出，“教学时间的缩短，已经让学生们对于基础知识的掌握大打折扣，在这种情况下，开展所谓的综合性学习显然是不合适的”。

和田：在你们的研讨会上，学校老师们也提出了各式各样的意见，其中也有对综合学习持批评态度的老师吧？

市川：是这样的，尤其是初中和高中，有不少老师对综合学习持怀疑态度。但是，认为“不掌握基础知识，就不可能适应综合学习这种学习方式”的老师基本上持“积累型学习观”。如果从综合学习的角度出发，就会意识到基础知识的重要性，相应地学习枯燥无味的基础知识的动力也会得到提高。我认为应该将“自下而上的学习”和“自上而下的学习”二者融会贯通。

和田：当然，可能会有这一方面。但问题是，和过去这种积累型学习相比，通过综合学习，孩子们的兴趣是否真的能够转移到学习基础知识上来。如果让他们进行综合学习后，有更多孩子开始注重基础知识和技能的话，我也会认可综合学习的意义。但是，如果不是那样的话，我觉得应该爽快地承认错误，果断地用回原来的学习方法。

总之，我觉得目前的综合学习提案也只是一种假设。我也只能说尝试着建立几所试点学校，试验性地制订这种教学计划，如果学生学习基础知识的动力真的加强了，那么可以在全国范围内推广，但如果效果不好的话，我希望能放弃。

市川：实际上文部科学省在修订学习指导纲要之前，在一些研究开发校进行了试验。这次试验是通过全国公开招募并经过人员选拔后实行的。之后也有按阶段汇报的实施情况，另外，文部科学省的官员和大学的教育研究人员也去进行了考察。其实我也做过两年的委员。

所以这次的中央教育审议会报告和学习指导纲要绝对不是随便一拍脑袋、只靠空想得来的。

但是，因为研究开发校的试验是他们想做才做的，所以干劲十足，如果全国统一实施的话就不知道会成什么样了。因为一周3小时左右，我认为还是非常值得尝试的。当然，既然要实施，就有必要做好充分的计划和进行及时的反馈。

和田：全国统一的教育体系现在也快要到极限了吧。根据地区特点进行多种尝试，依据学生的能力匹配相应的教育方式。我觉得如果不注重个性化，综合学习将很难实施。顺便说一下，我认为可以首先在私立学校云集，选项范围比较广的东京试行综合学习。如果效果好的话，地方也可以依次照做。

恕我冒昧，我们实行小学和初中的教学计划改革，包括综合学习法，绝不是一时兴起，而是要让教育变得更有魅力。如果孩子和家长认为，只学习考试内容而无视综合学习课程的话，等走上社会后会吃亏，将来会成为一个有短板的人，那么即使在某种程度上会对考试不利，他们也会接受综合学习的课程。不仅是综合学习，还有可能扩展到计算机领域。实际上，计算机之类的课程，对孩子们来说不是有魅力，而是如果现在不学，将来是会吃亏的。所以大家都非常积极地参与。当然，老师们如果不够积极的话这些课程也是无法顺利开展下去的。

六、如何应对学力与兴趣之间的差距

和田：我们能不能讨论一下对“好学生”和“差学生”的教育方式，还有跳级制度以及特别班级的开设等。我个人认为，在同一班集体内，教授这两类学生，是非常行不通的。说实话，我觉得正是有了优等生和差生的分化才有了对私立学校的需求。

市川：是这样的。我认为可以在学校开设公立补习班性质的班级。在补习班中，还可以分别开设补习课程和高级课程。

和田：根据学生的学力与兴趣进行分班，怎么样？您认为有必要与以前一样，以学年为单位进行同样内容的教学吗？如果希望分班教学，那您将怎样划分班级？

市川：首先，设立一个公共班级为基础班，在那里进行基础性知识的学习和接受作为市民所必要的教育。这个公共班级不一定仅限于基础教学，也可以进行个性化教学，充分挖掘每个人的个性。另外，作为补充，可以根据学力的不同划分班级，以及创造能够开展各种活动的机会。我觉得撤销学年制本身没什么问题，但我不赞成在义务教育阶段就实行跳级制度。

和田：我也认为比起跳级，开设能够满足优等生需求的课程更为重要。如果不这样做，优等生们就会自然而然地为了应试而学习。

那么，反过来，如何应对学力低的孩子呢？我觉得每个学校应该设立一个认知咨询室。如果关于学业的咨询能够进一步得到普及，那么就有可能解决各种问题，包括学习过程中遇到的挫折。

市川：是的。我非常赞成各个学校都设立一个作为“学业保健室”的学习咨询室。并不是说马上就得实行，但是作为试点也有必要尝试一下①。

和田：如果预算等其他条件允许的话，我也非常赞成您这个构想。我认为仅仅通过上课来提高教学效果确实很困难。如果能在预科学校或补习班也设立一个学习咨询室的话也很不错，实际上有些学校也正在尝试导入个人指导教师制度。进展得也还算顺利。

市川：现在“少子化”导致老师和学生的人数比变小，预算收紧，就连学校的辅导员们都在叫苦连天，所以我觉得可以让没有担任班主任的老师轮岗，或者外聘有意愿当老师的学生以及志愿者②。另外，在公立的图书馆、儿童馆以及教育中心等设置专业的认知咨询室也并不是不可能的。

大学作为该地区的一个学习场所，也应该尝试为孩子们提供各种各样的项目。现在，有的大学在暑假开设了面向高中生的数学和物理化学课程。相比让学生跳级，我更希望能充实这些活动。

七、从固定的班级转向流动并开放的教育现场

和田：我的重点是如何保持公共班和选修班的平衡。我认为试着各

① 这个在讨论的时候还没有实施，指的是本书第五章第一节介绍的学习咨询室。
② 这个在讨论的时候也没有实施，指的是像“放学后学习个人指导”制度一样的形式。

开一半也很好。或者也可以随着年级的升高，增加选修班的比例。

市川：是啊。在小学的高年级，公共班和选修班的比例是 7 : 3，初中是 5 : 5，高中是 7 : 3，这样的分配怎么样？还有就是应该鼓励促进学生多参加社团活动和社会教育项目。因为我不太赞成在根据平均学力进行分班后，总是只把学力相同的孩子们集中在一起进行完全相同的教育。尤其在义务教育阶段，在有不同能力和想法的人群中成长是很重要的。我也反对私立中学通过考试来把学生分成不同等级的做法。

和田：这也是我正在纠结的问题。我不想否定孩子在聚集有不同能力和不同社会阶层中的人群中成长的重要性。但是，如果把"既然在这个地区生活，就有义务上这里的学校，有义务遵从学校决定的分班"这种想法强加给孩子的话，也会造成不好的影响。例如，如果有孩子经常使用暴力（没有触犯法律），可是上学的时候同学们都要和他待在一个教室，谁都无法远离他。想要处罚那个孩子的话，我们既不能体罚，也不能不让他来学校，这种情况现实中是存在的。但是，如果在私立学校，是可以让这样的孩子退学的。如果要强制把其插入一个班级，就需要一种让班上其他孩子感受不到压力的处理方式。

市川：除了按照学力分班之外，我们也可以根据科目分班或和不同年级的学生一起上课等。另外，社团活动可以和其他学校一起做，教育咨询也可以让班主任以外的老师负责。这样可以使学生间的关系以及师生间的关系变得更加多样化，有各种各样的见面，增加找到适合自己场所的机会，这些都是很重要的。据说有一所公立初中模仿大学设置流动教室，让学生根据自己选的课程去不同教室上课，从而消除了校园霸凌。

一整天都待在学校安排好的班级里，确实是不太合理。当然能够适应的孩子另当别论。总之，班级也好，班主任也好，还是不应太过于局限于一个团体里。老师们也是如此，以地区为单位进行社团等活动，接触其他学校的学生，这样不是很好吗？如果那个地区的社会成员也能参加的话就更好了。学校要面向社会，这是开始的第一步。

寄给本书的中文版本

本书的中文版能够出版，我感到非常高兴。同时，对长春出版社及翻译本书的王源老师表示深切的感谢。

本书的第一版出版于2004年。1990年已渗透进日本的“宽松教育”受到了2000年前后“学力下降争论”的严厉批判。本书发行之际，学习指导纲要是以“宽松教育”为指导方针，但为了提高学生的基础学力，文部科学省已经开始制订学习指导纲要的修订版。

我作为文部科学省的“中央教育审议会”委员，一直以来都在提倡本书中所提到的提高学力的方法。例如，如何培养学生即使步入社会后仍能继续学习的学习积极性及学习方法，保持学习和研究之间的平衡，如何将课堂上老师的讲解和学生的活动有效地相结合，在地区建立与成年人相关的学习环境，等等。幸运的是，这些内容都得到了审议会委员和文部科学省的广泛认可，并被采纳到2008年的学习指导纲要修订版。

此后，本书提出的“授课·启发思考并行的教学”和“课外学习重点制度”也广泛应用并实施于日本各地，取得了很大的成果。据国际学力调查PISA指出，日本学生的学力水平已有所回复，同时国内学力调查也表明了地域之间的差距确实在缩小。因此，在2017年的学习指导纲要修订版中，将“面向社会开展教学课程”与“以自主、互动的方式深入学习”作为主要课题，进一步采用了本书提出的一些方法。

日本的教育，曾有过相当极端的路线时期，一边摸着石头过河，一边朝着保持平衡的方向发展。我深切地希望那些重视可行性和科学依据，追求理想教育的中国研究者和实践者们能够阅读此书，将来在教育方面能和日本携手并进。

著者　市川伸一

2019年2月